Aufgaben

Aufgaben müssen sein. Sie helfen Dir, tiefer in das Thema einzudringen. Häufig zeigen sie Dir auch, was der Unterrichtsstoff mit Deiner Umwelt zu tun hat. Hier kannst Du auch zeigen, daß Du mit chemischen Formeln umgehen kannst.

Einige Aufgaben sind einfach zu beantworten, bei anderen wirst Du länger überlegen müssen.

Aufgaben

5 Warum wird bei der Reaktion in V4 die Wasserstoffflamme kleiner?

6 Zur Reaktion in Versuch 3 meint Martina: „Der Sauerstoff hat seinen Reaktionspartner gewechselt." Was meinst du dazu?
Gilt Martinas Überlegung auch für die anderen Versuche?

7 Du kennst schon die Reihe der ...

9 Was sagen die folgenden Reaktionsgleichungen aus?
$ZnO + Mg \rightarrow Zn + MgO$
$CO_2 + 2\,Mg \rightarrow C + 2\,MgO$

10 Welche Bedeutung hat das Kaliumnitrat (KNO_3) bei Versuch 6? Welches Reaktionsprodukt muß dabei entstehen?

11 Versuch 6 gelingt auch mit einem Stückchen Stangenschwefel a... der Holzkohle. Welch...

Aus Umwelt und Technik

Hier kann's manchmal sogar spannend werden. Wer sich in diese Bausteine vertieft, erfährt eine ganze Menge über seine Umwelt – und er erkennt „die Chemie" auch im Alltag wieder.

Diese Texte eignen sich auch als Grundlage für kleine Vorträge. Vielleicht hast Du mal Lust dazu?

Oder ist Chemie etwa gar nicht Dein Lieblingsfach? Interessieren Dich Umweltprobleme und Themen aus Natur oder Technik mehr? Dann sind diese Bausteine gerade das Richtige für Dich!

Aus Umwelt und Technik: Wie Eisenbahnschienen verschw...

Es ist acht Uhr morgens auf dem Hauptbahnhof. Das schadhafte „Herzstück" einer Weiche soll ausgewechselt werden. In zwei Stunden muß die Arbeit getan sein.

Die Reparatur soll mit Hilfe des *Thermitverfahrens* durchgeführt werden. Du wirst gleich sehen, daß auch dabei eine **Redoxreaktion** abläuft.

Zu Beginn schneiden die Männer des Schweißtrupps das alte Schienenstück mit einem Schneidbrenner heraus. Der entstehende Spalt („Stoß") wird noch auf 25 mm verbreitert. Das ist notwendig, damit beim Thermitschweißen der flüssige Stahl gut hineinfließen kann.

„Was ist eigentlich *Thermit*?" Diese Frage beantwortet der Oberbauschweißer so:

„Thermit ist ein Gemisch aus Eisenoxid und Aluminiumpulver. Wenn man es entzündet, reagieren beide Stoffe zu Eisen und Aluminiumoxid. Aus 1000 g Thermit entstehen dabei 425 g Eisen.

Bei dieser Reaktion wird sehr viel Wärmeenergie frei. Es entstehen Temperaturen bis zu 2400 °C. Das ist jedoch ... Deshalb mischt man dem Ther... Kühlen" bei. Außer-

Aus der Geschichte

Die Erkenntnisse der Chemie fielen nicht vom Himmel. Manche Forscher brauchten ihr ganzes Leben, ehe sie die Lösung eines Problems fanden. Andere verteidigten Meinungen, die sich später doch als Irrtümer erwiesen. Manchmal war es auch umgekehrt: Ein Forscher fand etwas Richtiges heraus, aber man lächelte nur darüber.

Diese Bausteine berichten von den Leistungen bekannter Forscher und von den Schwierigkeiten, die sie zu überwinden hatten. Du erfährst auch etwas über geschichtliche Zusammenhänge. So wirst Du einen Eindruck davon bekommen, wie sich Wissenschaft und Technik entwickelten und wie sie das Leben der Menschen veränderten.

Aus der Geschichte: Die Katastrophe von Lakehurst

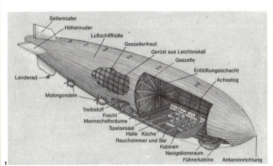

Früher wurden die Luftschiffe mit **Wasserstoff** gefüllt, weil dieses Gas viel leichter ist als Luft. Heute verwendet man dazu das nicht brennbare Gas Helium, das ebenfalls leichter ist ...

Zu der Zeit lag e... kreuzte das Luftsc... es zur Landung an... ein Reporter in ... „Der Z...

...schiff, das die Firma ...

Das Thema im Überblick

Natürlich steht dieser Baustein immer am Schluß eines Kapitels. Er besteht aus zwei Teilen:

Unter der Überschrift *Alles klar?* findest Du Aufgaben, die sich auf das gesamte Kapitel beziehen. Mit ihnen kannst Du prüfen, ob Du in dem Thema wirklich fit bist.

Im Abschnitt *Zusammenfassung* steht nochmal kurz das Wesentliche. Du findest hier auch die wichtigsten Versuchsergebnisse und den „roten Faden" des Unterrichts. Das hilft Dir bestimmt beim Wiederholen, bei der Vorbereitung auf Prüfungsarbeiten und dann, wenn Du mal gefehlt hast.

Falls Du trotzdem etwas nicht verstehst, kannst Du in den Info-Bausteinen nachlesen.

Alles klar?

1 Warum muß man beim Auffangen von Wasserstoff das Glas mit der Öffnung nach unten halten?

2 Reiner Wasserstoff verbrennt langsam und ruhig, Knallgas dagegen heftig und mit einem Knall. Wie kommt das?

4 Angelika behauptet: „Wasser gehört – chemisch betrachtet – in die gleiche Gruppe wie Schwefeldioxid und Kohlenstoffmonooxid." Was meint sie damit?

5 Wie kann man Wasserstoff auffangen, ohne daß er sich mit Luft vermischt?

Zusammenfassung

Der Wasserstoff

Wasserstoff (H_2) ist ein farb- und geruchloses Gas. Es ist das leichteste aller Elemente und somit auch leich...

NATUR UND TECHNIK

Chemie 7

Hauptschule Baden-Württemberg

Cornelsen

Chemie 7

Hauptschule Baden-Württemberg

Das Werk wurde erarbeitet von

Werner Geiger, Lichtenstein
Dr. Peter Haupt, Oldenburg
Rolf Kloppert, Münster
Wolfgang Kunze, Osnabrück

unter Mitarbeit von
Günter Klein, Marbach
Eberhard Zanzinger, Kirchberg

Redaktion
Helmut Dreißig
(redaktionelle Leitung)
Christa Greger
Dr. Edeltraut Kemnitz
Jürgen Hans Kuchel
Erika Sichelschmidt

Illustration und Gestaltung

Gabriele Heinisch (Cornelsen)
Yvonne Koglin
Studio Meske
Budde und Fotostudio Mahler
(Auftragsfotos Cornelsen),
alle Berlin

Dierk Ullrich (Layout)

Sonstige Fotoquellen
siehe Verzeichnis der Bild-
und Textquellen

---

1. Auflage 1994

Alle Drucke dieser Auflage können, weil untereinander unverändert, im Unterricht nebeneinander verwendet werden.

Bestellnummer: 34100

© 1994 Cornelsen Verlag, Berlin

Das Werk und seine Teile sind urheberrechtlich geschützt. Jede Verwertung in anderen als den gesetzlich zugelassenen Fällen bedarf deshalb der vorherigen schriftlichen Einwilligung des Verlages.

Druck: Cornelsen Druck

Inhaltsverzeichnis

Einige Grundregeln zum Experimentieren S. 4

Chemie – was ist das? S. 6
1 Laboratorien und Geräte
2 Schon das ist Chemie!
3 Chemie heute – ein erster Überblick

Stoffe und Stofferkennung S. 10
1 Methoden zur Untersuchung von Stoffen
2 Zusammenfassung

Wissenswertes über einige Stoffe S. 18
1 In deiner Umgebung findest du viele Metalle
2 Einige Metalle unter die Lupe genommen
3 In deiner Umgebung kommen auch Nichtmetalle vor
4 Einige Nichtmetalle unter die Lupe genommen

Stoffgemische und ihre Trennung S. 30
1 Wir reinigen Salz oder Wasser
2 Trinkwasser aus Meerwasser
3 Zusammenfassung

Zwei besondere Trennverfahren[z] S. 38
1 Wir gewinnen Stoffe durch Extraktion
2 Wir untersuchen Farbstoffe durch Chromatographie

Stofftrennung und -wiederverwertung[z] S. 42
1 Recycling: Stoffe werden wiederverwertet
2 Müllvermeidung geht vor Müllverwertung

Stoffe verändern ihre Eigenschaften S. 48
Chemische Reaktionen im Alltag

Chemische Reaktionen S. 50
1 Wir stellen neue Stoffe her
2 Chemische Reaktionen und Energie
3 Zeichen und Symbole
4 Zusammenfassung

Woraus besteht die Luft? S. 56
1 Bedeutung und Zusammensetzung der Luft
2 Die Eigenschaften des Sauerstoffs
3 Die Eigenschaften von Kohlenstoffdioxid
4 Stickstoff – der Hauptbestandteil der Luft
5 Zusammenfassung

Kohlenstoffdioxid im Körper S. 64
Ein historisches Experiment zur Atmung

Entzünden und Löschen S. 66
1 Was brennt eigentlich in einer Flamme?
2 Über die Verhütung und Bekämpfung von Bränden
3 Kohlenstoffdioxid bei der Brandbekämpfung
4 Zusammenfassung

Metalle reagieren mit Sauerstoff S. 74
1 Können auch Metalle verbrennen?
2 Metalle verändern sich an der Luft
3 Zusammenfassung

Anhang

Sicherheit im Chemieunterricht S. 82
1 Vom richtigen Umgang mit Gasflaschen
2 Vom richtigen Umgang mit dem Brenner
3 Vom richtigen Umgang mit Flüssigkeiten und Gasen
4 Wichtige Verhaltensregeln
5 Die Kennzeichnung von Stoffen
6 Chemikalienliste
7 Hinweise zur Entsorgung

Literaturhinweise für Schülerinnen und Schüler S. 91

Zum Nachschlagen S. 92
Tabellen, Übersichten, Verzeichnisse

Einige Grundregeln zum Experimentieren

Damit es beim Experimentieren nicht **so** in eurer Klasse zugeht, …

… müßt ihr die folgenden Experimentierregeln und Hinweise genau beachten:

Dies sind Gefahrensymbole, die auf Gefäßen mit Chemikalien stehen können.

T+: sehr giftig
T: giftig

Xn: mindergiftig (gesundheitsschädlich)
Xi: reizend

E: explosionsgefährlich

F+: hochentzündlich
F: leichtentzündlich

C: ätzend

O: brandfördernd

N: umweltgefährlich

(Symbole nach DIN 58 126 Teil 2 und Gefahrstoffverordnung)

Nicht so, …

1.
Vor dem Experimentieren die Versuchsanleitung genau lesen oder besprechen. Die Code-Buchstaben, z. B. Xn, sowie Gefahrensymbole und Sicherheitsratschläge beachten. Den Versuchsaufbau immer vom Lehrer oder von der Lehrerin kontrollieren lassen.

sondern so!

Nicht so, …

2.
Trage beim Experimentieren immer eine Schutzbrille!

sondern so!

Nicht so, …

3.
Vorsicht beim Umgang mit dem Brenner! Wenn du lange Haare hast, müssen diese geschützt werden. Halte den Brenner nur so lange in Betrieb, wie er benötigt wird.

sondern so!

Nicht so,...

4.
Wenn du eine kleine Flüssigkeitsmenge im Reagenzglas erhitzt, halte das Glas schräg und nur kurz über die Flamme! Schüttle den Inhalt vorsichtig hin und her! Die Glasöffnung nie auf Personen richten!

sondern so!

Nicht so,...

5.
Willst du eine Geruchsprobe durchführen? Dann fächle dir die aufsteigenden Dämpfe vorsichtig mit der Hand zu! Halte niemals deine Nase direkt über das Gefäß!

sondern so!

Nicht so,...

6.
Entferne verspritzte oder verstreute Chemikalien niemals selbst! Melde jede Panne sofort deiner Lehrerin bzw. deinem Lehrer! So bekommst du ganz sicher eine sachgerechte Hilfe.

sondern so!

Nicht so,...

7.
Arbeite stets nur mit kleinen Mengen! Gieße gebrauchte Stoffe nie in die Gefäße zurück! Fasse Chemikalien nicht mit den Fingern an; benutze dafür immer einen sauberen Spatel oder Löffel! Koste keine Chemikalien!

sondern so!

Nicht so,...

8.
Hast du vor, mit einer Säure zu experimentieren? Dann gib beim Verdünnen immer die Säure in das Wasser – und niemals umgekehrt! („Erst das Wasser, dann die Säure – sonst geschieht das Ungeheure!")

sondern so!

Chemie – was ist das?

1 Laboratorien und Geräte

1 um 1550

um 1850 2

- Worin unterscheiden sich die Bilder 1–3 hauptsächlich voneinander?
- Suche Gegenstände heraus, die auf allen drei Abbildungen zu finden sind.
- Sieh dir die Geräte in der Schulsammlung an: Welche der abgebildeten Geräte findest du dort ebenfalls?

3

2 Schon das ist Chemie!

V 1 „Zauberei" mit Geheimtinte:
Hast du schon mal mit Geheimtinte geschrieben? Du kannst es probieren! Als Geheimtinte eignen sich Essig, Zitronen- oder Zwiebelsaft.

Tauche ein Wattestäbchen oder ein Streichholz ohne Kopf in die Geheimtinte, und warte, bis sich die Watte oder das Streichholz vollgesogen hat. Dann beschreibst du ein weißes Blatt Papier (Bild 4).

Wenn der Empfänger deines Briefes die Schrift lesen will, muß er das Papier mit der Rückseite über eine Kerzenflamme halten (Bild 5). Dabei sollte der Abstand zur Kerze etwa 5 cm betragen. Am besten schwenkt er das Papier über der Flamme vorsichtig hin und her, damit es nicht anbrennt.

V 2 „Zauberei" mit schwarzem Tee:
Bereite dir mit einem Teebeutel einen starken schwarzen Tee. Verteile ihn gleichmäßig auf drei Trinkgläser.

Schütte dann in das erste Trinkglas einen Teelöffel voll Wasser, in das zweite die gleiche Menge Essig oder Zitronensaft und in das dritte Glas genausoviel Natronlösung. (Natron gibt es in der Drogerie oder Apotheke. Wenn du es in Wasser auflöst, erhältst du Natronlösung.)

Die in den Bildern 6 und 7 gezeigten **Versuche** wurden schon vor mehreren hundert Jahren von den damaligen „Chemikern", den Alchemisten, vorgeführt. Die Ergebnisse dieser Versuche ließen die Zuschauer staunen und sogar an Zauberei glauben.

   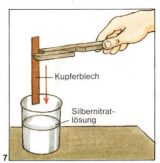

Aus der Geschichte: **Von den Anfängen der Chemie**

Forscht man nach den Anfängen der Chemie, so stößt man auf das Land Ägypten. Vor rund 4500 Jahren, als die Pharaonen herrschten, entstanden dort die berühmten Pyramiden, und die Kultur war hoch entwickelt.

Schon zu jener Zeit befaßten sich die Ägypter mit **chemischen Vorgängen**. Sie konnten nämlich die Körper ihrer Toten so einbalsamieren, daß diese nicht verwesten (Bild 8).

Man kann heute noch in einigen Museen solche Mumien betrachten.

Die Ägypter konnten auch schon Salben, Öle und Parfüme herstellen. Außerdem verstanden sie es, Kalk und Ton zu brennen und Metalle aus ihren Erzen zu gewinnen.

In jedem Jahr überschwemmte der Nil weite Teile Ägyptens und ließ fruchtbaren Schlamm auf den Feldern zurück. Die Ägypter nannten diese schwarze, vom Nilschlamm gefärbte Erde ihres Landes *chemia*. Es ist möglich, daß der Name **Chemie** davon abgeleitet worden ist.

Das Wort *chemia* hatte in ihrer Sprache noch eine andere Bedeutung: Es bezeichnete das geheimnisvolle Schwarze im Auge des Menschen. Bis vor wenigen hundert Jahren galt die Chemie tatsächlich als eine geheimnisvolle, schwarze oder auch „ägyptische" Kunst.

Fragen und Aufgaben zum Text

1 Welche Tätigkeiten der Ägypter werden in dem Text mit „chemischen Vorgängen" in Verbindung gebracht?

2 Was erreichten die Ägypter damit, daß sie ihre Toten einbalsamierten? Erkundige dich auch danach, warum sie das taten.

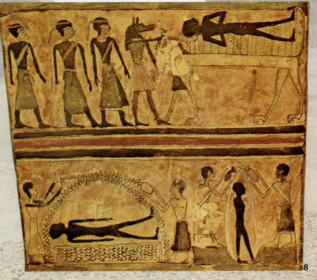

Einbalsamierung eines Toten.
Oben: Der Tote auf dem Balsamierungsbett.
Unten: Reinigung des Toten in Natron.

Aus der Geschichte: **Wer waren die Alchemisten?**

1 *Leonhard Turneyßer, ein Alchemist, in seinem Laboratorium (um 1580). Neben ihm sein Gönner, Kurfürst Johann Georg von Brandenburg.*

Im Mittelalter und etwa bis zum 17. Jahrhundert wurden die Chemiker als **Alchemisten** (oder Alchimisten) bezeichnet. Die Araber hatten lange Zeit Teile Europas besetzt und dem Wort *Chemie* den Artikel *Al* vorangestellt (Alchemie).

Die Alchemisten waren davon überzeugt, daß man einen Stoff in einen anderen umwandeln könne. So glaubten sie, daß man aus häufig vorkommenden billigen Stoffen wertvolle Metalle, wie *Silber* und *Gold*, herstellen könne.

Es sah auch tatsächlich so aus, als könne die Herstellung von künstlichem Gold gelingen: Wer Eisen in das wertvolle Kupfer und dieses dann in das noch wertvollere Silber „umwandeln" konnte, dem müßte es doch auch gelingen, Gold herzustellen!

Die Alchemisten arbeiteten meistens für Fürsten, denn diese hofften, durch deren Künste leicht zu Gold zu kommen (Bild 1). Die Fürsten waren aber oft ungeduldig und wollten Ergebnisse sehen. Deshalb führten ihnen die Alchemisten Versuche vor, bei denen nur scheinbar Gold entstand.

Die Zuschauer wurden von den Alchemisten getäuscht: Zum Beispiel lösten diese erst heimlich Gold in Quecksilber auf, verdampften dann das Quecksilber und zeigten den staunenden Zuschauern das angeblich gewonnene Gold. Auch bei den Versuchen in den Bildern 6 u. 7 (Vorseite) wurde nicht wirklich Eisen in Kupfer verwandelt oder Kupfer in Silber.

Viele Versuche waren sehr *gefährlich,* weil die Alchemisten noch zu wenig über die Stoffe wußten, mit denen sie umgingen. Quecksilber zum Beispiel ist sehr giftig. Da die Alchemisten Versuche mit Quecksilber ohne entsprechende Vorsichtsmaßnahmen durchführten, wurden einige von ihnen (und von den Zuschauern) vergiftet. Andere kamen bei Explosionen um, die sich bei ihren Versuchen ereigneten.

2 *Der Alchemist Hennig Brand entdeckt im Jahr 1669 den Phospor.*

Obwohl es den Alchemisten nicht gelang, Gold aus anderen Stoffen herzustellen, entdeckten sie doch viele Stoffe, die bis dahin unbekannt waren (Bild 2). Außerdem entwickelten sie Geräte und Arbeitsmethoden, die noch heute von Bedeutung sind. Ihre Arbeit war also eine *wichtige Grundlage* für die heutige Chemie.

Die Alchemisten konnten viele chemische Vorgänge noch nicht erklären und meinten, daß dabei geheimnisvolle Kräfte mitwirkten. Deshalb erfanden sie manchmal Beschwörungsformeln, die sie bei ihren Versuchen murmelten.

Was den Alchemisten noch geheimnisvoll erschien, konnte im Laufe der Zeit erklärt werden. Heute wissen wir: **In der Chemie gibt es keine Zauberei!**

Johann Friedrich Böttger – ein erfolgreicher Alchemist

Johann Friedrich Böttger gehörte zu den Alchemisten, die sich jahrelang vergeblich bemühten, Gold herzustellen.

In Dresden arbeitete er mit dem Mathematiker und Physiker Tschirnhaus zusammen. Sie versuchten gemeinsam, Stoffe im Brennofen zu schmelzen. Es gelang ihnen, zunächst rotes, später auch weißes **Porzellan** herzustellen.

Im Jahre 1710 wurde in Meißen eine Fabrik gegründet, in der unter der Leitung von Böttger Porzellan nach seinem Rezept gefertigt wurde. Noch heute wird *Meißener Porzellan* hergestellt (Bild 3). Es ist sehr wertvoll.

3 Chemie heute – ein erster Überblick

Viele der in Bild 4 gezeigten Gegenstände und Stoffe sind dir bekannt. Es sind Ergebnisse der Forschung in der **modernen Chemie**. Sie stellen nur eine kleine Auswahl aus der großen Anzahl chemischer Erzeugnisse dar.
○ Überlege einmal, welche Folgen es hätte, wenn uns solche Dinge nicht zur Verfügung stünden.

Die Herstellung dieser Dinge geschieht in Fabriken. Die Anlagen sind so groß, daß sie kaum noch zu überblicken sind.

Auch die Arbeitsplätze der Chemiker sehen heute anders aus als früher. Es wird nicht mehr in den kleinen, finsteren und unbelüfteten Labors gearbeitet.

Heute wissen die Chemiker sehr viel mehr als die Alchemisten von den Stoffen, mit denen sie umgehen. Trotzdem geschieht es auch heute noch, daß sie erst nach Jahren erkennen, wie schädlich manche ihrer Erzeugnisse für den Menschen sein können. So wurden zum Beispiel verschiedene Arzneimittel aus dem Handel gezogen, weil man nach einiger Zeit ihre schädlichen Nebenwirkungen erkannt hat. Ähnliches gilt für Schädlingsbekämpfungsmittel und Unkrautvertilger (→ den untenstehenden Zeitungsausschnitt).

Die Zahl der Menschen auf der Erde wird immer größer. Die Menschen müssen ernährt, gekleidet und auch gegen Krankheiten geschützt werden. Außerdem brauchen sie Wohnungen, um darin zu leben. Bei der Lösung all dieser Probleme hilft die Chemie mit:

Düngemittel werden entwickelt (Bild 5), um die Ernteerträge zu vergrößern; Arzneimittel bekämpfen Krankheiten; neue, künstliche Werkstoffe (z. B. Kunstfasern oder Baustoffe) ersetzen oder ergänzen die in der Natur vorkommenden Werkstoffe. Häufig reichen nämlich die natürlichen Stoffe nicht mehr aus, um die Menschen mit all dem, was zum Leben notwendig ist, zu versorgen.

Ohne Chemie sähen unser Leben und unsere Umwelt heute ganz anders aus!

Krebserregend: „2, 4, 5 – T"
Gesundheitsministerium will Unkrautvertilger verbieten

24. Juli 1981

Alle Unkrautvernichtungsmittel mit dem Wirkstoff „2, 4, 5-Trichlorphenoxyessigsäure" – kurz „2, 4, 5 – T" genannt – sollen verboten werden. Die Substanz steht im Verdacht, krebserregend zu sein.

Wie das Gesundheitsministerium gestern in Bonn mitteilte, hat das Bundesgesundheitsamt der Biologischen Bundesanstalt für Land- und Forstwirtschaft mitgeteilt, daß es die Einvernehmenserklärungen für die Anwendung aller 2, 4, 5-T-haltigen Mittel widerruft. Die Bundesanstalt muß jetzt – vor einem endgültigen Widerruf der Zulassung – noch den Sachverständigenausschuß für die Genehmigung von Pflanzenbehandlungsmitteln hören. Rund 70 Produkte, die 2, 4, 5-T enthalten, sind auf dem Markt. Sie werden beim Getreidebau, auf Wiesen und Weiden, bei Zier- und Sportanlagen, beim Weinbau und in der Forstwirtschaft zur Vernichtung von Pflanzen benutzt, die den Anbau der Nutz- und Zierpflanzen behindern. Im Vietnam-Krieg hatten US-Truppen das Mittel zur Entlaubung von Wäldern benutzt.

Stoffe und Stofferkennung

1 Methoden zur Untersuchung von Stoffen

In deiner Umwelt findest du die unterschiedlichsten Materialien; der Chemiker spricht dabei von **Stoffen**. Daraus werden die Gegenstände – die **Körper** – hergestellt.

Um einen Stoff sinnvoll und richtig verwenden zu können, muß man einige seiner **Eigenschaften** kennen (Bild 1).

Jeder Stoff hat ganz bestimmte Eigenschaften, die ihn kennzeichnen. Du wirst einige Methoden kennenlernen, mit denen du die wesentlichen Eigenschaften von Stoffen feststellen kannst. Das wird dir helfen, mit diesen Stoffen richtig umzugehen und sie von anderen zu unterscheiden.

Von einigen Stoffen aus deiner Umgebung (Bild 2) kann man die Eigenschaften recht gut untersuchen.

Steckbrief — Gesucht wird
ein Stoff mit folgenden Eigenschaften:

Farbe	weiß
Zustand bei Raumtemperatur	fest
Oberfläche	glatt
Härte	gering
Verhalten gegenüber Wasser	löst sich nicht
Verhalten beim Erhitzen	schmilzt schnell
Brennbarkeit	brennbar
Leitung des elektrischen Stroms	leitet nicht

Manche dieser Stoffe sehen jedoch fast gleich aus, z. B. Zucker und Kochsalz, Mehl und Gips.

Eine Unterscheidung der Stoffe ist also nicht immer ganz einfach, zumal du einen Stoff *niemals kosten* darfst! Das gilt *im Chemieraum* sogar für Stoffe, die du gut kennst und die ungefährlich sind (z. B. Lebensmittel).

Die typischen Eigenschaften eines Stoffes sind *unabhängig von Form und Größe* eines Körpers, der aus diesem Stoff besteht. Das gilt auch für Chemikalien der Schulsammlung: Die kennzeichnenden Eigenschaften findet man sowohl bei großen als auch bei kleinen Mengen des Stoffes.

Eigenschaften, die mit Hilfe von *Messungen* bestimmt werden können, sind besonders gut zur Unterscheidung von Stoffen geeignet.

Halte Untersuchungsergebnisse in Form eines „Steckbriefes" wie in Bild 3 oder in einer Tabelle nach dem untenstehenden Muster fest.

Beispiele für das Sammeln einiger Eigenschaften

Eigenschaften	Eisennagel	Kupferdraht	Tinte	Kochsalz
Farbe	grau	rotbraun	blau	weiß
Zustand bei 20 °C	fest	fest	flüssig	fest
Härte	hart, nicht biegsam	hart, aber biegsam	–	hart und spröde
Verhalten in Wasser	nicht löslich	nicht löslich	läßt sich verdünnen	gut löslich
Verhalten beim Erhitzen	wird schnell heiß	wird sehr schnell heiß	wird heiß und siedet	schmilzt bei ca. 800 °C
Verhalten gegenüber Magneten	wird angezogen	wird nicht angezogen	–	wird nicht angezogen
Leitung des elektrischen Stroms	leitet	leitet	leitet nicht	leitet nicht

Hier lernst du Möglichkeiten zur Untersuchung von Stoffen kennen.

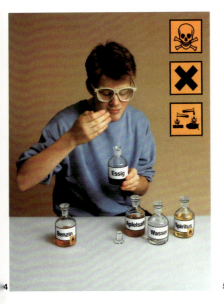

Unsere **Sinnesorgane** helfen uns, einige Eigenschaften von Stoffen zu erkennen:

V 1 Mit dem Auge können wir Glanz, Farbe und Zustandsform (Aggregatzustand) bei Zimmertemperatur verschiedener Stoffe bestimmen.

V 2 Wie riechen die Stoffe? Führe eine *Geruchsprobe* durch, indem du dir die Dämpfe vorsichtig zufächelst (Bild 4).

V 3 Wie fühlen sich die Stoffe an? Untersuche Oberflächenbeschaffenheit und Festigkeit verschiedener fester Stoffe.

Zum Feststellen weiterer Stoffeigenschaften benötigen wir **Hilfsmittel**:

V 4 Mit einem Nagel kannst du eine *Ritzprobe* vornehmen (Bild 5).

Auf diese Weise kannst du verschiedene feste Stoffe hinsichtlich ihrer Härte vergleichen.

V 5 Was geschieht mit den bisher untersuchten festen Stoffen, wenn sie längere Zeit im Wasser liegen? Beschreibe nach etwa einer Woche.

V 6 Auch einen Magneten kannst du zur Untersuchung fester Stoffe einsetzen. Du weißt sicher, was man mit seiner Hilfe herausbekommt.

V 7 Welche Stoffe leiten den elektrischen Strom? Bild 7 zeigt dir zwei mögliche Versuchsaufbauten.

V 8 Wie verhalten sich die Stoffe, wenn du sie (wie in Bild 6) über der Flamme eines Brenners oder einer Kerze erwärmst?

V 9 Diesmal halten wir verschiedene feste Stoffe mit einer Tiegelzange in die Brennerflamme und prüfen ihre *Brennbarkeit*. (Den Brenner etwas schräg halten, feuerfeste Unterlage benutzen!)

Ordne die Stoffe danach, ob sie nur in der Flamme brennen, ob sie auch außerhalb der Flamme weiterbrennen oder ob sie gar nicht brennen.

V 10 Viele Stoffe können in allen drei *Zustandsformen* (Aggregatzuständen) – fest, flüssig oder gasförmig – vorkommen: Unter bestimmten Umständen gehen sie von einer in eine andere Zustandsform über.

Das kannst du beobachten, wenn du z. B. etwas Eis bis zum Sieden des Wassers erhitzt oder Wasserdampf auffängst und stark abkühlst.

Stoffe und Stofferkennung

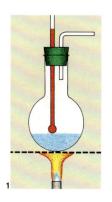 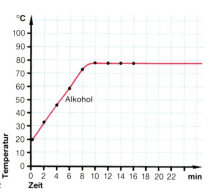 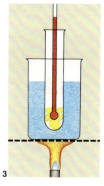 

V 11 Wir bestimmen die *Siedetemperatur* eines Stoffes (Wasser) mit dem Versuchsaufbau von Bild 1. Dabei lesen wir in bestimmten Zeitabständen die Temperatur ab.

Die Werte tragen wir in ein Diagramm ein. Das entsprechende Beispiel für Alkohol F zeigt Bild 2.

V 12 Die *Schmelztemperatur* eines Stoffes (Stearinsäure) läßt sich nach Bild 3 bestimmen.

Auch diesmal trägst du die Werte in ein Diagramm ein. Versuche dann, den Verlauf der Kurve zu erklären.

V 13 Wenn man mehr Salz oder Zucker in ein Glas mit Wasser schüttet, als sich darin auflösen kann, bleibt ein Teil davon als *Bodensatz* darin liegen (Bild 4). Man sagt dann: *Die Lösung ist gesättigt.*

Wir stellen uns solche gesättigten Lösungen von Salz und Zucker her.

Je einen Teil davon schütten wir in flache Glasschalen und lassen die Flüssigkeiten langsam verdunsten.

Von jedem Rest geben wir einige Tropfen auf ein Uhrglas und dampfen die Flüssigkeit ein. Damit die Uhrgläser dabei nicht zu heiß werden, halten wir sie mit den Fingern fest und schwenken sie über der Flamme hin und her.

Betrachte die Rückstände mit der Lupe, vergleiche die *Kristallformen*.

Was geschieht, wenn sich Stoffe in Wasser lösen?

Ein Stück Zucker *löst sich* in Wasser auf: Es zerfällt langsam, und bald ist es nicht mehr zu sehen. Man könnte den Zucker nur noch durch eine Geschmacksprobe feststellen.

Es ist eine **Lösung** von Zucker in Wasser entstanden, eine Zuckerlösung. Beim Verdunsten oder Verdampfen des Wassers würde der Zucker wieder sichtbar werden.

Man stellt sich vor, daß Zucker, Salz und auch Wasser jeweils aus winzig kleinen **Teilchen** bestehen. Diese Teilchen sind so klein, daß man sie nicht einmal mit einem Mikroskop sichtbar machen kann. Es ist auch unmöglich, sie mit einem Papierfilter abzutrennen.

Wird z. B. Zucker in Wasser gegeben, so zerfällt er in seine Teilchen. Diese *verteilen sich* gleichmäßig zwischen den Teilchen des Wassers (Bild 5). Das sieht man besonders gut, wenn sich ein farbiger Stoff im Wasser löst: Dann nimmt die Lösung allmählich die Farbe des Stoffes an (Bild 6).

Da die Teilchen so winzig sind, kann man sie jedoch nicht erkennen; das heißt, die Lösung ist klar. (Wenn die Schwebeteilchen so groß sind, daß man sie erkennt, ist die Lösung trübe. Dann spricht man von einer *Suspension*.)

Wenn das Wasser verdunstet oder verdampft, entweichen die Wasserteilchen aus der Lösung.

Das heißt: Der feste Stoff bleibt im Gefäß zurück. Die Teilchen des festen Stoffes (z. B. Zucker) lagern sich wieder aneinander an und bilden **Kristalle** (Bild 7). Man sagt dazu auch: Der feste Stoff *kristallisiert aus*.

Wasser ist ein gutes **Lösemittel** (häufig auch *Lösungsmittel* genannt). In ihm lösen sich jedoch nicht alle Stoffe gleich gut. Man sagt dazu auch: Die **Löslichkeit** von Stoffen in Wasser ist unterschiedlich.

Wenn eine Lösung nicht mehr von ein und demselben Stoff aufnehmen kann, ist sie *gesättigt*. Der ungelöste Stoff bleibt dann als *Bodensatz* (gelegentlich auch *Bodenkörper* genannt) im Gefäß liegen.

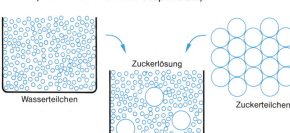  

Aufgaben

1 Stoffe lassen sich erst sicher voneinander unterscheiden, wenn man mehrere Eigenschaften miteinander vergleicht. Welche *Eigenschaftskombinationen* eignen sich besonders gut zur Unterscheidung von Stoffen?

2 Zu Beginn dieses Kapitels hast du einen „Steckbrief" zur Kennzeichnung von Stoffen kennengelernt. Sind die darin aufgeführten Eigenschaften schon ausreichend, um einen Stoff eindeutig zu identifizieren?

3 Welche Methoden würdest du wählen, um die Eigenschaften von Zucker und Mehl zu bestimmen?

4 Im Kühlschrank stehen zwei Flaschen mit Essig und Öl – leider ohne Etiketten. Wie kann man (ohne die Flaschen zu öffnen) erkennen, welche der Flaschen das Öl enthält?

5 In Bild 8 siehst du Kubikzentimeterwürfel einiger Stoffe, dazu deren Gewicht in Gramm.
Stell dir vor, du hättest gleich große Kugeln aus Aluminium, Eisen, Blei, Zink, Kupfer und Messing. Ordne sie nach ihrem Gewicht; beginne mit der leichtesten.

Metalle, deren Kubikzentimeterwürfel weniger als 5 g wiegen, bezeichnet man als **Leichtmetalle**. Nenne einige Metalle, die demnach **Schwermetalle** sind.

6 Die Stoffe, die wir bisher untersucht haben, lassen sich in **Metalle** und **Nichtmetalle** einteilen.
Abgesehen von ihrem Aussehen (dem „metallischen Glanz") unterscheiden sich Metalle von den Nichtmetallen durch eine besondere Eigenschaft ... (Nur das Nichtmetall Kohlenstoff macht da eine Ausnahme.)

7 Quecksilber wird oft als Thermometerflüssigkeit benutzt. Warum ist das möglich?

8 Einige Fahrradteile in Bild 9 sind numeriert. Schreibe auf, aus welchen Stoffen sie bestehen. Welche dieser Stoffe sind Metalle, welche sind keine Metalle?

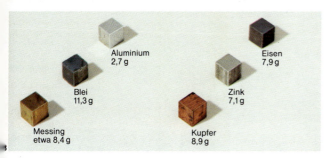

So kannst du Meßergebnisse festhalten

Wenn du einen Versuch – wie z. B. Versuch 12 – durchführst, fällt es oft schwer, im Nachhinein die Beobachtungen genau wiederzugeben. Du weißt zwar noch, daß der Stoff geschmolzen ist, aber das ist ja keine besondere Erkenntnis.

Gehe deshalb während des Experimentierens folgendermaßen vor:

a) Halte bei Versuchen, die über einen längeren Zeitraum ablaufen, deine Beobachtungen in einer **Tabelle** fest: Schreibe so die jeweils abgelaufene Zeit und die besondere Beobachtungen auf. Nebenan siehst du ein Beispiel dafür.

b) Lege dann ein **Schaubild** an (Bild 10). Beginne dabei mit den Achsen. Auf der waagerechten Achse trägst du gleich große Zeitabschnitte ein, auf der senk-

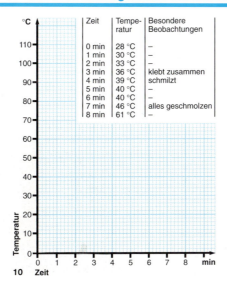

rechten Achse gleich große Temperaturschritte. Wähle die Abstände so, daß auch deine höchsten Werte deutlich eingetragen werden können.

c) Trage nun deine **Meßwerte** ein: Markiere zu jedem gemessenen Zeitpunkt die entsprechende Temperatur. Am besten machst du das durch einen Punkt oder ein kleines Kreuz.

d) Verbinde dann die einzelnen Punkte miteinander, so daß eine Linie – **Kurve** oder **Meßkurve** genannt – entsteht.

e) Kannst du jetzt mit Hilfe der Tabelle oder anhand des Schaubildes mehr über den Ablauf des Versuches aussagen als vorher?
Versuche es einmal!

Aus Umwelt und Technik: **Viel Spaß beim Kristallezüchten!**

Die Kristalle der Bilder 4 u. 5 haben ihre Form nicht durch Schleifen erhalten, sondern sie sind so „gewachsen".
Große Kristalle werden im Labor gezüchtet. Das dauert mehrere Wochen oder sogar Monate. Aber kleinere Kristalle können auch dir schon in viel kürzerer Zeit gelingen. Versuche es doch mal!

So kannst du Zuckerkristalle züchten

Fülle 150 ml Wasser in ein Glasgefäß (z. B. Einweckglas), und erhitze es z. B. in einem Topf mit Wasser. Löse in dem sehr heißen Wasser nach und nach so viel Zucker auf wie möglich. Rühre dabei ständig um, bis die Lösung gesättigt ist.

Nun hängst du 1–3 kurze Woll- oder Baumwollfäden in das Glas, das unbedingt auf einer dicken Unterlage (z. B. Zeitung, Tuch, Bastuntersatz) stehen muß. Laß alles einige Tage lang ruhig stehen.

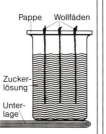

So kann man viele Kristalle einer Sorte züchten

Wir schütten in 300 ml siedendes Wasser 400 g Magnesiumsulfat. Dabei rühren wir gut um, bis sich alles gelöst hat.

Die klare Lösung wird in ein sauberes Becherglas gegossen. Das Glas bleibt einige Stunden lang ruhig stehen. Wenn sich bis dahin noch keine Kristalle gebildet haben, wirft man ein paar kleine Körnchen Magnesiumsulfat in die Lösung.

So kann man schöne Einzelkristalle züchten

Dabei geht man in zwei Schritten vor: Zuerst werden Kristallkeime gezüchtet, dann folgt das Wachsen eines Kristalls.

1. Züchten der Kristallkeime

Wir lösen eine bestimmte Menge eines Stoffes (→ Tabelle rechts unten) unter Rühren in der angegebenen Menge heißem Wasser auf. Die Lösung wird filtriert und zum Abkühlen in eine Glasschale (Petrischale) gegossen. Sie bleibt nun für einige Stunden ruhig stehen.

In dieser Zeit bilden sich am Boden des Gefäßes kleine Kristalle. Der schönste davon wird mit einer Pinzette aus der Lösung herausgenommen und an einen dünnen Perlon- oder Gummifaden geknotet. (Erst das Fadenende verknoten, dann Schlinge bilden, um den Kristall legen und festziehen.)

2. Züchten des Einzelkristalls

Zunächst wird die sogenannte Wachstumslösung nach den Angaben der nebenstehenden Tabelle hergestellt. Dann gießen wir die heiße und filtrierte Lösung in ein größeres Becherglas (400–600 ml).

Nun wird der Perlonfaden mit dem Kristallkeim an einem Pappdeckel oder Holzstäbchen befestigt und mitten in die Lösung gehängt. Das Becherglas muß für ein paar Tage erschütterungsfrei bei möglichst gleichbleibender Temperatur stehenbleiben – z. B. im Keller oder im Kühlschrank.

Will man den Kristall noch weiter wachsen lassen, muß man ihn erneut in eine frisch hergestellte Wachstumslösung hängen.

Der fertige Kristall darf nicht mit den bloßen Fingern oder mit Feuchtigkeit in Berührung kommen. Man kann ihn zum Schutz mit farblosem Nagellack überziehen.

Mengenangaben zur Züchtung von Einzelkristallen

Keimlösung	benötigte Stoffe	Wachstumslösung
50 g / 100 ml	Kupfer(II)-sulfat [Xn] Wasser	75 g / 150 ml
15 g / 100 ml	Kaliumalaun Wasser	30 g / 200 ml
40 g / 100 ml	Chromalaun Wasser	80 g / 200 ml
150 g / 100 ml	Seignettesalz Wasser	450 g / 300 ml
70 g / 100 ml	Kaliumnitrat [O] Wasser	210 g / 300 ml

Aus Umwelt und Technik: **Titan – ein Metall kam in Mode**

Vielleicht hast du Modeschmuck wie den von Bild 4 auch schon gesehen: Dieser Schmuck wird aus Titan hergestellt. Die bunten Muster auf dem silbergrauen Metall erhält man durch besondere chemische Verfahren mit Hilfe des elektrischen Stroms.

Titan ist zwar erst vor einigen Jahren „in Mode gekommen", es wurde aber schon vor 200 Jahren entdeckt.

Etwa 90 000 Tonnen Titan werden heute jährlich weltweit produziert – natürlich nicht nur für die Mode. So ist Titan z. B. in der Luft- und Raumfahrttechnik unentbehrlich geworden. Es besitzt nämlich trotz seiner hohen Festigkeit nur eine geringe Masse (1 cm³ wiegt 4,5 g) und kann auch hohen Temperaturen standhalten (es schmilzt erst bei 1670 °C).

Diese Eigenschaften macht man sich auch beim Bau von hochbeanspruchten Maschinenteilen und Turbinen zunutze.

Titan wird weder von Säuren noch von Laugen oder Salzen angegriffen. Wegen dieser Beständigkeit ist es für Apparate der chemischen Industrie und Anlagen zur Meerwasserentsalzung unentbehrlich geworden.

Für die Medizin macht man daraus z. B. Knochennägel und Prothesen.

Titandioxid (aus Titan entstanden) dient als weißer Farbbestandteil. Er wird Farben, Kunststoffen, Fasern, Kosmetika, Papier, Gummi, Keramik und Lebensmitteln beigemischt.

Vielleicht gerät Titan eines Tages wieder „aus der Mode" – dann nämlich, wenn in der Technik Stoffe mit anderen Eigenschaften gefragt sind.

Aus Umwelt und Technik: … kalt – kälter – am kältesten

Ein heißer Sommer ohne Eis oder gekühlte Limonade – nicht auszudenken! Dieser Ansicht waren wohl auch unsere Vorfahren aus den südlichen Ländern. Sie unternahmen nämlich erste Versuche, „Kälte" zu erzeugen.

Zum Beispiel kühlte der in Rom lebende Arzt *Blasius Villafranca* im Jahre 1550 Getränke, indem er das Trinkgefäß in ein Gemisch aus Wasser und Salpeter stellte. Der Arzt *Latinus Tancredus* aus Neapel schaffte es 1607 mit einem anderen Gemisch, Wasser sogar zum Gefrieren zu bringen.

Beide nutzten dabei eine Eigenschaft einiger Salze: Beim Auflösen im Wasser entziehen sie dem Wasser Wärme. Die Folge ist, daß sich die Lösung abkühlt.

Eine Mischung, die eine solche Wirkung zeigt, nennt man **Kältemischung**.

Wie weit damit eine Temperatursenkung möglich ist, hängt zum einen vom verwendeten Salz ab. Zum anderen spielt eine Rolle, in welchem Verhältnis Wasser und Salz miteinander vermischt sind: Je mehr Salz im Wasser gelöst ist, desto niedriger liegt die Erstarrungstemperatur der Flüssigkeit. Das nutzt man in vielen Bereichen:

Manchmal streut man bei Frost oder Schneefall auf Gehwegen Salz. Das Salz löst sich durch die Feuchtigkeit auf; es entsteht eine Salzlösung. Diese hat eine niedrigere Erstarrungstemperatur als das Wasser. Dabei ist folgendes zu beobachten: Der Gehweg wird zunächst wieder feucht; erst bei etwa −8 °C bildet sich dann Glatteis.

Im Baugewerbe setzt man dem Wasser, das zum Anmachen des Betons verwendet wird, ebenfalls bestimmte Salze zu. Deshalb kann man auch bei leichtem Frost Beton gießen.

Dem Kühlwasser von Automotoren werden vor dem Winter bestimmte Stoffe, sogenannte *Frostschutzmittel*, zugefügt. Sie senken die Erstarrungstemperatur des Kühlwassers auf etwa −20 °C ab. Dadurch gefriert das Kühlwasser nicht schon bei geringem Frost.

Aus der Geschichte: Hat denn Wasser zweierlei Siedetemperaturen?

Maggie – mit ihren Eltern zu Besuch aus den USA – wundert sich: „Ihr habt aber komische Thermometer – die gehen ja nur bis knapp über 100 Grad. Da kann man ja nicht mal die Temperatur von siedendem Wasser messen – die liegt doch bei 212 Grad!"

Irrt sich Maggie hier? Oder sollte amerikanisches Wasser etwa andere Eigenschaften haben als deutsches und deshalb erst bei 212 Grad sieden?

Nein. Wasser hat auf der ganzen Welt unter gleichen Voraussetzungen die gleiche Siedetemperatur. Und auch die Schmelztemperatur des Eises ist überall gleich. Deshalb wählte man ja gerade diese beiden Temperaturpunkte – als sogenannte Fixpunkte (lat. *fixus:* fest) –, um vergleichbare Temperaturskalen herstellen zu können.

Schuld daran, daß Wasser in Amerika „erst" bei 212 Grad siedet, ist das Thermometer. Die Amerikaner verwenden nämlich Thermometer mit einer Temperaturskala, die der deutsche Glasbläser *Daniel Fahrenheit* (1686–1736) aus Danzig im Jahre 1721 eingeführt hatte.

Fahrenheit wählte drei Fixpunkte: Als ersten nahm er die Temperatur einer Mischung aus Eis, Seesalz und Wasser; als zweiten die Temperatur von schmelzendem Eis; als dritten die Körpertemperatur eines gesunden Menschen – wahrscheinlich seine eigene.

Er markierte jeweils die Höhe der Flüssigkeitssäule und teilte schließlich den Abstand zwischen dem ersten und dritten Fixpunkt in 96 gleiche Teile ein. Infolgedessen betrug die Schmelztemperatur des Eises 32 °F.

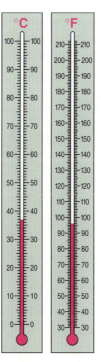

Um die Siedetemperatur des Wassers festzustellen, verlängerte Fahrenheit seine Skala einfach nach oben; so erhielt er den Wert 212 °F.

Wie du weißt, verwenden wir in Europa dagegen die Celsiusskala. Dieses Thermometer wurde 1742 von dem Schweden *Anders Celsius* entwickelt. Er wählte für seine Skala die Schmelztemperatur des Eises und die Siedetemperatur des Wassers als Fixpunkte. Den Abstand zwischen beiden Punkten teilte er in 100 gleiche Teile ein.

Übrigens bezeichnete Celsius auf seinen ersten Thermometerskalen die Siedetemperatur des Wassers mit 0 Grad und die Schmelztemperatur von Eis mit 100 Grad. Erst später wurde die Skala umgedreht.

Die Abkürzungen für die Temperatureinheiten °F und °C erinnern noch heute an Fahrenheit und Celsius, die die Grundlagen der Temperaturmessung gelegt haben.

Fragen und Aufgaben zum Text

1 Als Grundlage für die Festlegung von Temperaturskalen dienen Fixpunkte. Erläutere den Begriff „Fixpunkt". Nenne Beispiele für Fixpunkte.

2 Stell dir vor, Celsius hätte anstelle von reinem Wasser ein Wasser-Salz-Gemisch als Grundlage seiner Temperaturmessungen genommen. Überlege, was für Abweichungen zur heute gebräuchlichen Skala das wohl gegeben hätte.

3 In einem Bericht über eine Expedition ins Polargebiet ist zu lesen, daß das Quecksilberthermometer versagte. Welche Temperatur wurde also unterschritten?

Stoffe und Stofferkennung

Alles klar?

1 Wie kannst du die Flüssigkeiten Essig, Wasser und Benzin am besten voneinander unterscheiden?

2 Jens hat im Hobbyraum eine Tüte mit einem weißen Stoff gefunden – ohne Beschriftung; es könnte Zucker oder Salz sein. Er will eine Geschmacksprobe machen. Was meinst du dazu?

3 Tina sagt: „Ein Fahrradrahmen muß nicht unbedingt aus Eisen sein. Es wäre günstiger, ihn aus einem anderen Stoff herzustellen – z. B. aus hartem Kunststoff oder Aluminium." Hat sie recht? Was meinst du zu den vorgeschlagenen Stoffen?

4 Aus bestimmten Metallen kann man Figuren gießen. Welche Metalle sind dafür geeignet? Warum?

5 Welche Eigenschaften haben alle Metalle gemeinsam?

6 In dem Märchen „Hans im Glück" bekommt Hans am Ende einen Goldklumpen geschenkt, der so groß wie sein Kopf ist. Dann heißt es weiter, daß er den Goldklumpen in ein Tuch wickelt und davonträgt.

Stefan behauptet: „Typisch Märchen! Nichts stimmt! *Den* möchte ich sehen, der …!"

Wie geht wohl Stefans Satz weiter? (Bedenke, daß der Kopf von Hans ein Volumen von etwa 2 dm^3 = 2000 cm^3 haben dürfte und daß ein cm^3-Würfel Gold 19,3 g wiegt.)

7 Welcher Stoff wird in dem folgenden „Steckbrief" beschrieben (Bild 1)?

1

2 Zusammenfassung

Wir unterscheiden zwischen Körper und Stoff

2

3

In der Chemie beschäftigen wir uns nicht mit dem Körper und seiner Form, sondern mit dem **Stoff** (dem Material), aus dem etwas besteht.

Ein Körper kann aus unterschiedlichen Stoffen hergestellt sein. Umgekehrt können aus ein und demselben Stoff die verschiedensten Körper gemacht werden.

Stoffe und ihre Eigenschaften

Die vielen Stoffe, die es auf der Erde gibt, haben ganz unterschiedliche Eigenschaften. Dadurch kann man sie voneinander unterscheiden.

Für jeden Stoff lassen sich mit Hilfe verschiedener Untersuchungsmethoden mehrere Eigenschaften bestimmen. Sie ergeben dann einen „Steckbrief" des betreffenden Stoffes.

Die *Metalle* (z. B. Eisen, Aluminium) unterscheiden sich von den *Nichtmetallen* (z. B. Schwefel) durch gemeinsame Eigenschaften, nämlich durch
○ ihr Aussehen bzw. ihre Farbe (metallischer Glanz);
○ ihre Fähigkeit, Wärme zu leiten;
○ ihre Fähigkeit, den elektrischen Strom zu leiten.

Unter den Nichtmetallen macht nur der Kohlenstoff eine Ausnahme: Er ist in der Lage, den elektrischen Strom zu leiten.

Eigenschaften des Stoffes Titan:

Farbe	silbergrau
Geruch	geruchlos
Härte	hart, zäh
Dichte	4,5 $\frac{g}{cm^3}$
Schmelzpunkt	1670 °C
Siedepunkt	3287 °C
Leitfähigkeit für elektrischen Strom	leitet
Beständigkeit	Beständig gegen: Wasser, Meerwasser, Luft, verdünnte Säuren, verdünnte Laugen

4

16

Drei meßbare Eigenschaften von Stoffen

Viele Stoffe können wir mit unseren Sinnesorganen nicht eindeutig bestimmen; es geht nur, wenn wir dafür Hilfsmittel heranziehen.

Manche Eigenschaften sind zur Bestimmung und Unterscheidung von Stoffen besonders gut geeignet. Sie lassen sich aber nur durch Experimente ermitteln, die genaue Meßergebnisse liefern.

Zu den meßbaren Eigenschaften von Stoffen gehören die *Schmelztemperatur* und die *Siedetemperatur*.

Einen Stoff kann man aber auch folgendermaßen bestimmen und von anderen Stoffen unterscheiden: Man stellt fest, wieviel ein Kubikzentimeter des betreffenden Stoffes wiegt. (In Tabellen über Stoffeigenschaften findet man diese Angabe unter dem Begriff „Dichte".)

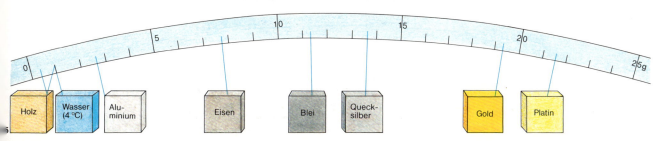

Methoden zur Untersuchung von Stoffen

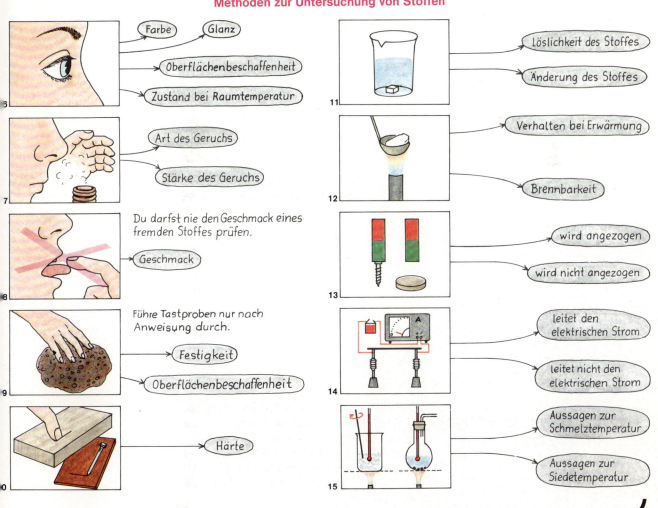

Wissenswertes über einige Stoffe

1 In deiner Umgebung findest du viele Metalle

Im Unterricht wurden bereits die Eigenschaften mehrerer Stoffe untersucht. Bei dieser Gelegenheit hast du sicher auch verschiedene **Metalle** kennengelernt.

Bild 1 zeigt einige Gegenstände, die aus einzelnen oder mehreren Metallen hergestellt sind. Du wirst selbst zu Hause solche oder ähnliche Gegenstände finden. Wenn du jedoch feststellen willst, aus *welchen* Metallen sie bestehen, wirst du sehen, daß das gar nicht so einfach ist.

Du weißt zwar schon, daß alle Metalle den elektrischen Strom leiten und einen typischen metallischen Glanz haben. Aber das hilft dir hier nicht weiter. Die einzelnen Metalle sind oft nicht eindeutig an ihrem Aussehen zu erkennen. Manchmal sind sie auch mit einer Schutzschicht, zum Beispiel aus Farbe oder Kunststoff, überzogen.

Die meisten Metalle kommen in der Natur nicht rein vor. Sie müssen erst aus Erzen gewonnen werden. **Erze** liegen als *Bodenschätze* im Erdboden. Es sind Gesteine, aus denen man bestimmte Metalle gewinnen kann. So gibt es z.B. Eisenerze und Bleierze. Die Verfahren, durch die man die Metalle daraus gewinnt, sind meist sehr kompliziert und teuer.

In der Bundesrepublik Deutschland gibt es nur wenige Erze. Sie müssen daher aus anderen Ländern eingeführt werden. Die Karte in Bild 2 zeigt dir diejenigen Länder, die uns große Mengen an Erzen liefern.

Erze und Metalle werden jedoch allmählich immer knapper und teurer. Der Grund dafür ist, daß viele Erzlager bald erschöpft sind. Deshalb bemüht man sich, immer mehr Metalle durch **Recycling** aus unbrauchbar gewordenen Metallgegenständen zurückzugewinnen.

Auf den jetzt folgenden Seiten dieses Buches kannst du mehr über einige Metalle erfahren, so zum Beispiel über ihr **Aussehen**, ihre **Gewinnung** und ihre **Verwendung**. Vor allem wirst du auch einige recht interessante **Besonderheiten** der einzelnen Metalle kennenlernen.

Vielleicht fällt es dir dann sogar leichter, die Metalle voneinander zu unterscheiden.

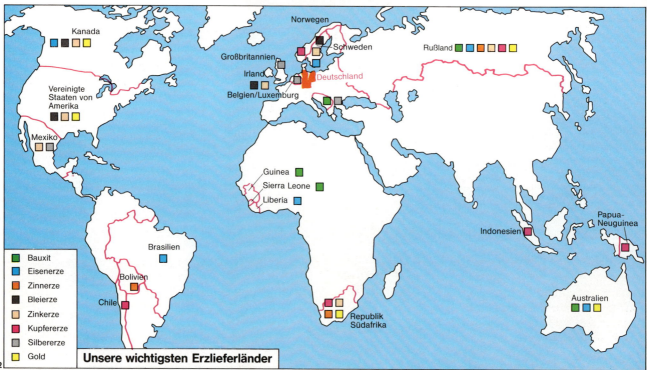

Unsere wichtigsten Erzlieferländer

2 Einige Metalle unter die Lupe genommen

Aus Umwelt und Technik: Silber – ein vielseitiges Metall

Vielleicht hast du schon von *Alexander dem Großen,* dem griechischen Feldherrn, *gehört.* Im Jahr 330 v. Chr. begann er einen Feldzug gegen Indien. Dort gibt es jedes Jahr eine mehrwöchige Regenzeit. Gleichzeitig ist es heiß und schwül.

Das machte den Soldaten schwer zu schaffen. Hinzu kam, daß viele an Magen- und Darmbeschwerden erkrankten. Sie wurden schließlich so entkräftet, daß Alexander den Feldzug nicht mehr fortsetzte.

Schon den damaligen Geschichtsschreibern fiel auf, daß nur die Soldaten erkrankten – die Heerführer blieben gesund! Später glaubte man, den Grund dafür gefunden zu haben: Die Soldaten tranken aus *Zinn*bechern, die Heerführer dagegen aus *Silber*bechern. Das Silber löste sich in winzigen Mengen in den Getränken auf und tötete darin die Krankheitserreger (Bakterien) ab. So blieben die Heerführer von Magen- und Darmbeschwerden verschont.

Nachdem man diese bakterientötende Wirkung silberhaltiger Stoffe erkannt hatte, verwendete man sie in der **Medizin**. Es gibt noch heute silberhaltige Salben, die bei Hautkrankheiten helfen.

Die Ägypter kannten das Metall Silber schon vor 6000 Jahren. Reines Silber (*gediegenes* Silber, Bild 3) kommt aber in der Natur noch seltener vor als Gold. Deshalb war Silber damals doppelt so teuer wie Gold!

Später fand man Silbererze. Häufig sind diese mit Bleierzen vermischt; man kann daraus also Blei *und* Silber gewinnen.

Aus Silber werden **Schmuckstücke** sowie wertvolle **Gebrauchsgegenstände** (z. B. Bestecke) hergestellt.

3

Besonders wertvoll ist das Silber für die **Elektrotechnik**: Es ist der beste Leiter für elektrischen Strom.

Große Mengen Silber werden auch in der **Fotografie** verwendet: Filme und Fotopapiere haben nämlich eine lichtempfindliche Schicht, die aus einem silberhaltigen Stoff besteht.

Nachdem ein Foto entwickelt wurde, legt man es in ein sog. *Fixierbad,* um es „haltbar" zu machen. In dieser Flüssigkeit löst sich die überschüssige silberhaltige Schicht auf. (Das Silber wird später zurückgewonnen.)

Fragen und Aufgaben zum Text

1 Welche Eigenschaft des Silbers wird in Heilmitteln genutzt?

2 Erkundige dich bei einem Juwelier, was die Bezeichnungen *Silberauflage* und *hartversilbert* bedeuten.

3 Noch vor ein paar Jahren enthielt jedes 5-DM-Stück 7 Gramm Silber. Heute prägt man diese Münzen aus einer Mischung von Kupfer und Nickel. Die Silbermünzen wurden damals von den Geldinstituten eingesammelt. Warum?

Aus der Geschichte: Der Reichtum, den die Sklaven schufen

Um 525 v. Chr. gab es in der Nähe Athens einen regen **Silberbergbau.** Hier trieb man 2000 Schächte bis zu 125 m tief in den Berg.

Schwer war die Arbeit der Sklaven, von denen bis zu 20 000 in den Bergwerken arbeiteten. Das zeigt eine Tontafel aus Korinth (Bild 4): Ein Hauer schlägt mit einer Keilhaue Erz- oder Gesteinsbrocken los. Sie werden von einem Jungen in eine lederne Tasche gesammelt – auch Kinderarbeit war ja üblich. Ein dritter Sklave reicht das Erz nach oben, ein vierter nimmt es dort in Empfang.

Zur Beleuchtung dienten damals Tonlämpchen. Meist wurde aber im Dunkeln gearbeitet.

Die Gruben waren schlecht belüftet; die Arbeit dort war also gesundheitsschädigend. Nur die kräftigsten und gesündesten Sklaven hielten mehrere Jahre lang durch. Der römische Dichter *Lukrez* schilderte die Lage in den antiken Bergwerken so:

„Wieviel Unglück geschieht, wenn die goldreichen Metalle ausdampfen! Was für ein Antlitz geben sie den Menschen, und was für eine Farbe! Sieht man nicht und hört man nicht, in welch kurzer Zeit sie gewöhnlich zugrunde gehen und wie denen alle Lebensfülle fehlt, die der große Zwang des Unausweichlichen an solche Arbeit kettet?"

Während der Arbeiten wurden die Sklaven mit der Peitsche angetrieben; oft trugen sie auch Fußfesseln. Einen grausigen Beweis dafür gibt es in Form eines Fußgelenkknochens, der noch von einer Eisenkette umschlossen ist.

4

Das meiste Silber, das so gewonnen wurde, diente der Münzprägung.

Der Reichtum wurde vor 480 z. B. genutzt, um eine Kriegsflotte zu bauen. Sie half Athen, die Seeschlacht gegen die Perser bei Salamis zu gewinnen. Dieser Sieg leitete eine Blüte von Wirtschaft und Kultur ein.

Aus der Geschichte: **Der „Goldrausch"**

In der Mitte des vorigen Jahrhunderts erlebte Nordamerika den sogenannten *Goldrausch.* Nach den ersten Goldfunden in Kalifornien versuchten viele Menschen ihr Glück im Goldwaschen (Bild 1). Heute lassen sich jedoch nur noch wenige auf dieses Abenteuer ein.

In seinem Buch „Goldsucher" erzählt der Schriftsteller *Jack London* Abenteuergeschichten aus Nordamerika. In dem Kapitel „Die Goldschlucht" beschreibt er die Erlebnisse eines Goldsuchers. Dieser Mann begibt sich ganz allein irgendwohin in die Wildnis, ebenfalls gepackt vom „Goldrausch". Ob er beim Goldwaschen Erfolg hat? Hier ein kleiner Ausschnitt aus der Geschichte:

Dort, wo der Steilhang das Ufer des Teiches bildete, blieb er stehen, hob eine Schaufel voll Erde aus und schüttete die Erde in die Pfanne. Dann hockte er sich am Bach nieder, tauchte das Gefäß halb unter das Wasser und schwenkte es sachte hin und her. Immer schneller und schneller wurden die kreisenden Bewegungen der Pfanne, kleinere und größere Erd- und Kieselteilchen kamen an die Oberfläche und glitten über den Rand des Gefäßes hinweg. Um den Prozeß des Auswaschens zu beschleunigen, hielt der Mann manchmal inne und suchte die größeren Steine mit den Fingern heraus. Jetzt befanden sich nur mehr dünner Sand und kleinere Kieselsteine in der Pfanne. Mit unendlicher Vorsicht setzte der Goldgräber seine Arbeit fort; seine Bewegungen wurden langsamer und behutsamer. Ein letztes Mal schwenkte er die Pfanne, die jetzt nur mehr wenig Wasser enthielt. Der Boden des Gefäßes war mit einer dünnen, schwarzen Schicht überzogen, die der Mann einer sorgfältigen Untersuchung unterzog. Da! Ein winziger goldig flimmernder Punkt fesselte seine ganze Aufmerksamkeit. Nochmals spülte eine Flut von Wasser über den Boden des Gefäßes hinweg. Dann kehrte er die Pfanne um, ließ ihren Inhalt auf den Boden gleiten und entdeckte unter den schwarz schimmernden Sandkörnern einen neuen goldenen Punkt.

Der Mann unterzog sich seiner selbst gestellten Aufgabe mit größter Genauigkeit. Immer kleiner wurde die Menge schwarzen Sandes, die er auf den Rand der Pfanne gleiten ließ, um sie dort auf ihren Goldgehalt zu prüfen. Kein noch so kleines Sandkörnchen entging seinen forschenden Blicken. Endlich zeigte sich ein Goldkorn in der Größe eines Stecknadelkopfes, aber achtlos spülte er es wieder in die Pfanne hinein. Zwei weitere Goldkörner krönten seine Mühe mit Erfolg, und wie ein guter Hirte, der jeden Verlust seiner Herde beklagt, achtete er auf sie. Schließlich fanden sich nur mehr Goldkörner auf dem Boden des Gefäßes ...

Nur seine blauen Augen verrieten die Erregung, in der er sich befand, als er sich nach getaner Arbeit vom Boden aufrichtete. „Sieben", murmelte er beglückt vor sich hin, „sieben." Er konnte sich nicht genug daran tun, die verheißungsvolle Zahl zu wiederholen...

Gold (Bild 2) war schon immer ein begehrtes Metall. Es kommt im Gestein der „Goldminen" oder im Sand mancher Flüsse vor. Daher wird es entweder in Bergwerken unter Tage **abgebaut** oder aus dem Flußsand **herausgewaschen.** Das Gold ist im Gestein oder Sand meist nur als Staub oder in Form von winzigen Körnchen enthalten. Nur selten werden größere Stückchen, sogenannte *nuggets,* gefunden.

Mehr als die Hälfte des gewonnenen Goldes wird als Zahlungsmittel verwendet: In Formen gegossenes Gold (Goldbarren) und zu Münzen geprägtes Gold kann überall auf der Erde bei großen Banken gegen die im Lande gültige Währung eingetauscht werden.

Nur drei Zehntel des Goldes werden insgesamt zur Herstellung von Schmuck und Zahngold gebraucht, ein Zehntel in der Industrie.

Fragen und Aufgaben zum Text

1 Gold hat eine sehr viel größere Dichte als Sand. Erkläre, wie die Goldsucher dies beim Goldwaschen ausnutzen.

2 Häufig wird das Gold in kastenförmigen Sieben und Ablaufrinnen gewaschen (Bild 3). In China baute man solche Goldwaschanlagen, die sogar mehrere Kilometer lang waren. Warum wohl?

3 Manche Goldwäscher legten ihre Ablaufrinnen mit Fellen von Schafen aus. Was erreichten sie damit?

4 Es gelang den Goldsuchern nie, alles Gold aus dem Sand auszuwaschen, da winzige Körnchen mit fortgeschwemmt wurden. Man schätzt, daß beim Goldwaschen nur etwa die Hälfte des im Sand verborgenen Goldes gefunden wird.

Schätze, wieviel Sand man waschen muß, um 5 Gramm Gold (Bild 4) zu gewinnen: eine Schaufel, eine Schubkarre oder einen Lastwagen voll Sand?

Goldplättchen in Originalgröße

Aus Umwelt und Technik: Gold und seine Legierungen

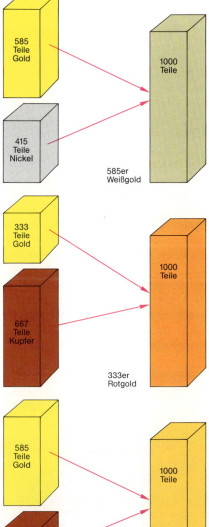

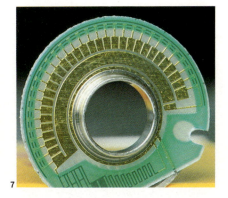

Vielleicht ist dir schon einmal aufgefallen, daß Schmuckstücke aus Gold, z.B. Eheringe, nicht alle die gleiche Farbe haben (Bild 5). Solltest du darauf noch nicht geachtet haben, sieh dir die Auslagen in einem Juweliergeschäft an!

Reines Gold ist ein ziemlich weiches und deshalb leicht verformbares Metall. Ein Ring, den man täglich trägt, muß jedoch hart sein, damit er nicht so schnell abgenutzt wird. Um das zu erreichen, wird das Gold mit anderen Metallen vermischt und dann geschmolzen (z.B. mit Kupfer oder Silber). Auf diese Weise erhält man eine **Legierung**.

Eine Goldlegierung ist härter als reines Gold und hat meist auch eine andere Farbe:

Weißgold ist eine Legierung aus Gold und Nickel (oder Palladium); *Rotgold* enthält neben Gold hauptsächlich noch Kupfer.

Damit man weiß, wieviel Gold eine Legierung enthält, ist in jedem goldenen Schmuckstück eine Zahl eingeprägt. Sie gibt den Anteil an Gold in Tausendstel an.

Ein Ring in Bild 5 hat die Prägung 585. Auf diese Weise wird angegeben, daß 585 Tausendstel seines Gewichtes aus Gold bestehen. Anders ausgedrückt: Von 1000 Gewichtsteilen sind 585 Teile reines Gold, also etwas mehr als die Hälfte (Bild 6).

Goldlegierungen werden auch für technische Zwecke verwendet. Da Gold ein guter Leiter des elektrischen Stromes ist, verwendet man es zum Beispiel für Kontakte in wertvollen elektrotechnischen und fototechnischen Geräten (Bild 7).

Fragen und Aufgaben zum Text

1 Wie groß ist der Goldanteil von Schmuck mit der Prägung 835 bzw. 925?

2 Aus welchen Metallen sind Rotgold und Weißgold hauptsächlich hergestellt?

3 Erkundige dich, welche Prägungen in Schmuckstücken sonst noch üblich sind.

4 Warum sammeln viele Staaten Gold in Tresoren?

Aus Umwelt und Technik: Kupfer – das Metall für die Elektrotechnik

Das Fernsprechnetz als ergiebige Kupfermine

Niemand zweifelt mehr ernsthaft daran, daß die praktisch abhörsichere Glasfaser künftig die Kupferleitung aus dem Fernmeldenetz der Deutschen Bundespost verdrängen wird. Ein Gramm Glas ersetzt nämlich zehn Kilogramm Kupfer.

Vor allem Fernsprech-Ortsnetze könnten so zu ergiebigen Kupferminen werden.

1

Wie du in dem Zeitungsartikel lesen kannst, versucht man, Kupferleitungen des Fernmeldenetzes durch Glas zu ersetzen. Ein Grund dafür ist, daß man für eine gleichgute Leitung weniger Glas als Kupfer braucht: Ein 13 km langes Kupferkabel mit einem Durchmesser von 69 mm wiegt 64 000 kg. Ein Glaskabel braucht jedoch nur einen Durchmesser von 9 mm und wiegt bei gleicher Länge nur 1000 kg!

Ein zweiter Grund ist, daß Kupfer, wie alle Metalle, immer knapper wird. Deshalb bemüht man sich auch, Kupfer aus gesammeltem Kupferschrott wiederzugewinnen.

Auch Kupfer kommt in der Natur selten rein vor (Bild 1). Häufig findet man verschiedene Kupfererze. In einigen Ländern liegen diese direkt an der Erdoberfläche. Dort können sie sogar im *Tagebau* abgebaut werden (Bild 2).

Kupfer wird heute in vielen Bereichen verwendet:

Mehr als die Hälfte des insgesamt gewonnenen Kupfers wird in der Elektrotechnik verbraucht (Bild 3). Das Leitungsnetz „strotzt" geradezu von Kupfer! Nicht nur Leitungsdrähte und -kabel, sondern auch Teile von Generatoren, Transformatoren und Schaltgeräten werden aus diesem Metall hergestellt.

Kupfer wird häufig auch beim Bauen verwendet, so z.B. für Dachrinnen und Verkleidungen von Dächern und Wänden. Auch die Leitungen für Kalt- und Warmwasser (Bild 4) oder für Erdgas und Stadtgas bestehen oft aus Kupferrohren.

Außerdem werden Maschinenteile, Meßgeräte, Uhren und Schmuck, Haushaltsgegenstände und hübsche Geschenkartikel häufig aus Kupfer angefertigt.

Fragen und Aufgaben zum Text

1 Kupfer wird in der Elektrotechnik häufiger verwendet als Silber, obwohl Silber den Strom noch besser leitet. Versuche, dafür eine Erklärung zu finden.

2 Betrachte die Auslagen in Schaufenstern mit Geschenkartikeln und Haushaltsgeräten. Notiere Gegenstände aus Kupfer. Wer von euch findet die meisten?

3 Bestehen Ein- oder Zweipfennigstücke durch und durch aus Kupfer? Prüfe es nach! (Ein Magnet hilft dir dabei!)

4 Warum werden heute Messer, Äxte und Hacken nicht mehr wie früher aus Kupfer hergestellt?

3

2

4

Aus Umwelt und Technik: Messing – die „goldene" Legierung

Vorsicht vor Goldhändlern im Urlaub

Die Juweliere warnen alle Urlauber: Fallt nicht auf die fliegenden Goldhändler im sonnigen Süden herein!

Für 600 Mark kaufte zum Beispiel ein Frankfurter Tourist eine 50 Gramm schwere „Gold-Kette" (Der Händler äußerte vorher: „Die ist 2000 Mark wert!") – es war aber nur vergoldetes Messing, nicht mehr als etwa 60 Mark wert.

Vom Kupfer gibt es – wie von anderen Metallen – **Legierungen.** Sie haben unterschiedliche Eigenschaften und die verschiedensten Farben (Bild 5). Das liegt daran, daß Kupfer mit verschiedenen Metallen legiert wird.

Eine dieser Legierungen ist das Messing. Es besteht meist zu zwei Dritteln aus **Kupfer** und zu einem Drittel aus **Zink**. Wenn du Bild 6 betrachtest, kannst du sicher verstehen, daß man Messing leicht mit Gold verwechselt.

Messing läßt sich wie Kupfer leicht verarbeiten und ist gegen Witterungseinflüsse beständig. Aus Messing werden z.B. Verschraubungen, Zahnräder, Steuerräder und Schalthebel hergestellt.

Ein besonderer Vorteil ist: Auf Messing können keine Krankheitserreger (Bakterien) leben. Haltegriffe und Türklinken (z.B. in Verkehrsmitteln und öffentlichen Gebäuden) werden täglich von Tausenden von Händen berührt. Wenn diese Gegenstände aus Messing bestehen, sind sie trotzdem frei von Bakterien.

So ist Messing eigentlich geeignet, die Übertragung von Bakterien einzuschränken. Doch wird es nur selten für diesen Zweck verwendet.

Fragen und Aufgaben zum Text

1 Wieso konnte der Tourist (→ den obenstehenden Zeitungsausschnitt) ohne weiteres auf den angeblichen Goldhändler hereinfallen?

2 Woran kannst du bei einem Schmuckstück sehr leicht feststellen, daß es nicht aus Gold, sondern wahrscheinlich aus Messing besteht?

3 Nimm drei möglichst gleichdicke Bleche aus Messing, Kupfer und Zink, und ritze sie mit einem Stahlnagel. Was stellst du dabei fest?

4 Erkundige dich in einem Eisenwarenladen, woraus Nägel und Schrauben hergestellt werden.

Aus Umwelt und Technik: Bronze – die „olympische" Legierung

Eine andere Legierung von Kupfer ist die Bronze. Sie ist eine Legierung aus 80 Teilen **Kupfer** und 20 Teilen **Zinn**. Bronze ist härter und widerstandsfähiger gegen Witterungseinflüsse als Kupfer.

Schon vor etwa 4000 Jahren konnten die damaligen Schmiede Bronze aus Kupfer und Zinn schmelzen. Und da sich Bronze hervorragend zur Herstellung von Gebrauchsgegenständen (Bild 7), Werkzeugen und Waffen (Bild 8) eignete, war diese Legierung sehr begehrt. Ja, sie wurde so vielseitig verwendet, daß ein ganzes Zeitalter – die **Bronzezeit** (1800–700 v. Chr.) – nach ihr benannt wurde.

Bronze war jedoch nicht nur als Metall für Gebrauchsgegenstände geeignet. Besonders in den letzten 500 Jahren wurden daraus Denkmäler, Statuen und vor allem Glocken gegossen. Noch heute wird für moderne Kunstwerke aus Metall häufig Bronze verwendet (Bild 9). Und der Glockenguß erfolgt heute noch wie vor ein paar hundert Jahren!

Du hast von Bronze bestimmt schon in einem anderen Zusammenhang gehört: Bei den Olympischen Spielen wird der drittbeste Sportler immer mit einer Bronzemedaille ausgezeichnet (Bilder 10 u. 11).

Aus Umwelt und Technik: **Eisen – das „Allerweltsmetall"?**

Wenn du das Fragezeichen in der Überschrift beachtet hast, wirst du bestimmt sagen: „Natürlich ist Eisen ein Allerweltsmetall; es wird doch überall und für alles Mögliche verwendet!" Dabei denkst du sicher an Werkzeuge, Nägel und Maschinenteile oder an die schweren T-Träger, die beim Bauen verwendet werden, an Schiffe und Eisenbahnschienen.

Die meisten Gegenstände, von denen wir meinen, sie seien aus Eisen, bestehen jedoch aus **Stahl**. Das ist eine **Legierung von Eisen** mit einer bestimmten Menge **Kohlenstoff**.

Reines Eisen kommt in der Natur sehr selten vor. Nur Meteore, die aus dem Weltall auf die Erde fallen, enthalten reines Eisen (Bild 1). Die verschiedenen Eisenerze (Bild 2) sind dagegen recht häufig.

Im Hochofen gewinnt man aus den Erzen *Roheisen*, das dann, bis auf einen kleinen Teil, zu Stahl weiterverarbeitet wird. Demnach wird nicht Eisen am häufigsten verwendet, sondern seine Legierung *Stahl*. Dieser Werkstoff ist nämlich wesentlich härter als Eisen und läßt sich vor allem auch besser verarbeiten.

Stahl war einmal sehr selten und kostbar. Vor mehr als tausend Jahren wurden deshalb vor allem Waffen und Brustpanzer aus Stahl gefertigt. Im Laufe der Jahrhunderte gelang es dann, immer mehr Stahl von immer besserer Qualität herzustellen. Heute kann man die Eigenschaften von Eisen – je nach Bedarf – durch Legieren so verändern, daß es für fast jeden Zweck verwendet werden kann.

Wenn man Stahl mit den Metallen Chrom oder Nickel legiert, erhält man **Edelstahl** (Bild 3), der nicht rostet.

Aus Umwelt und Technik: **Blei – ein „zwiespältiges" Metall**

Bleigießen kennst du vielleicht als Silvesterspaß. Man braucht dafür eine Bleilegierung, die schon bei niedrigen Temperaturen schmilzt. Wenn man das Metall erhitzt und dann sofort in kaltes Wasser gießt, erstarrt es zu bizarren Gebilden.

Reines, unlegiertes Blei hat eine Schmelztemperatur von 327 °C.

Frisch gewonnen oder geschnitten, glänzt Blei bläulichweiß (Bild 4). An der Luft überzieht es sich aber bald mit einer grauen Schicht.

Mit seiner Dichte von 11,34 g/cm^3 ist das Blei ein **Schwermetall**. Das nutzen z. B. Taucher, indem sie an ihrer Kleidung Bleistücke befestigen.

Blei ist sehr **weich**; man kann es mit bloßen Händen biegen. Deshalb verwendet man es auch, um Glasscheiben einzufassen. Viele Kirchenfenster künden davon.

Auch an dem Schornstein von Bild 5 erkennst du Blei; es verbindet die Ziegelsteine mit dem Dach. Das gut formbare Bleiblech schmiegt sich dabei dicht an die Dachpfannen an.

Wer den Motor eines Autos startet, tut dies mit einem Blei-Akku.

Blei wird auch in der Medizin verwendet: Hier schützen sich Schwestern oder Ärzte gegen die Röntgenstrahlung, die ja auf Dauer schädlich ist: Sie (und ihre Patienten) tragen z. B. Gummischürzen, in die eine bis zu 3 mm dicke Bleischicht eingearbeitet ist.

Doch Blei ist „zwiespältig" – es ist nützlich *und auch* **giftig.** Wer Bleistaub oder -dämpfe einatmet, kann sich eine *Bleivergiftung* zuziehen.

Auch bleihaltiges Wasser zu trinken ist höchst gefährlich. Das kann z. B. vorkommen, wenn in alten Häusern noch Bleirohre als Wasserleitung dienen. Die Folgen sind dann oft Magen- und Darmerkrankungen, womöglich sogar eine Auflösung der Knochensubstanz.

Noch gefährlicher ist bleihaltiger Treibstoff: Bei der Verbrennung im Motor entsteht ein Bleistaub, der eingeatmet wird. Bleifrei zu tanken ist also nicht bloß Ansichtssache.

Aus Umwelt und Technik: **Aluminium – das „junge" Leichtmetall**

Reines Aluminium kommt in der Natur überhaupt nicht vor, nur Aluminium*erz*. Vor allem *Tonerde* und *Bauxit* eignen sich zur Gewinnung von Aluminium. Von diesen Erzen gibt es so große Vorräte im Erdboden wie von keinem anderen Erz! Die Verfahren, mit denen man das Metall daraus gewinnt, sind jedoch sehr aufwendig und kostspielig.

Obwohl Aluminiumerze so reichlich vorkommen, wurde das Metall erst vor knapp 200 Jahren entdeckt. Deswegen wird Aluminium auch als *junges* Metall bezeichnet. Andere Metalle, wie z.B. Kupfer und Eisen, sind dagegen schon seit mehreren tausend Jahren bekannt.

Wahrscheinlich ist das Aluminium so spät entdeckt worden, weil es nur schwer aus den Erzen gewonnen werden konnte. Noch vor 130 Jahren gab es so wenig Aluminium, daß es teurer war als Gold! Die französische Kaiserin hatte Schmuckstücke aus Aluminium, und am Hofe aßen Kaiser *Napoleon III.* und hohe Beamte aus Aluminiumgeschirr. Weniger bevorzugte Gäste mußten sich mit goldenem Geschirr begnügen ...

Aluminium ist ein Metall, das sehr vielseitig verwendet wird (Bilder 6–10). Es leitet gut die Wärme und den elektrischen Strom und ist eines der leichtesten Metalle überhaupt.

Außerdem ist Aluminium ausgesprochen widerstandsfähig gegenüber Witterungseinflüssen und vielen Chemikalien.

Wegen dieser Eigenschaften werden Aluminium und seine Legierungen vor allem im Flugzeugbau verwendet. Die äußere Hülle der Flugzeuge besteht fast ausschließlich aus diesem Metall.

Aus Umwelt und Technik: **Quecksilber – das flüssige Metall**

Quecksilber glänzt genauso wie alle Metalle. Aber es ist das einzige Metall, das bei Zimmertemperatur *flüssig* ist (Bild 11). Es wird erst bei $-39\,°C$ fest. Am Südpol, wo Temperaturen von $-70\,°C$ herrschen, wäre das Quecksilber so hart, daß man damit Nägel einschlagen könnte.

Von allen Flüssigkeiten ist Quecksilber die schwerste. Ein Liter Wasser wiegt 1 kg, ein Liter Quecksilber über 13 kg!

Quecksilber kann schon bei Zimmertemperatur verdunsten. Atmet man Quecksilberdämpfe längere Zeit hindurch ein, zeigen sich gefährliche **Vergiftungserscheinungen.** Deshalb ist beim Umgang mit Quecksilber größte **Vorsicht** geboten!

Wenn Quecksilber doch einmal zu Boden fällt, „zerspringt" es zu winzigen Kugeln und verteilt sich. Es läßt sich nicht mit einem Besen zusammenfegen und darf auch nicht mit den Fingern berührt werden. Um das Quecksilber einzusammeln, schiebt man es vorsichtig, z. B. mit einem Stück Pappe, zusammen und nimmt es dann mit einer Quecksilberzange (Bild 12) auf.

Weil Quecksilber so gefährlich ist, enthalten die meisten Thermometer heute kein Quecksilber mehr. (Vielfach verwendet man Alkohol.) Das Metall wird hauptsächlich in der chemischen Industrie gebraucht.

Umweltschutz-Tip: Verbrauchte Batterien zurück!

Quecksilber-Batterien, die als sogenannte Knopfzellen in Photo- und Filmgeräten verwendet werden, gehören nicht in den Hausmüll!

Zum Schutz der Umwelt und zur Rückgewinnung des wertvollen Rohstoffes Quecksilber haben Batterie-Hersteller und Batterie-Importeure mit dem Bundesministerium des Inneren vereinbart, verbrauchte Quecksilber-Batterien beim Handel einzusammeln. Damit wollen sie sie der Wiederverwertung zuführen.

3 In deiner Umgebung kommen auch Nichtmetalle vor

Außer den Metallen findest du in deiner Umgebung viele andere Stoffe, die keine Metalle sind. Einige von ihnen – z. B. Kunststoffe, Glas, Holz und Keramik – werden in der Technik als *nichtmetallische Werkstoffe* bezeichnet.

In der Chemie gibt es die Bezeichnung **Nichtmetalle** ebenfalls, aber nur für ganz bestimmte Stoffe. Warum das so ist, wirst du bald erfahren.

Es gibt mehrere bei Raumtemperatur feste und gasförmige Nichtmetalle, aber nur eins, das flüssig ist.

Sicherlich hast du schon einmal an einem Lagerfeuer oder vor einem offenen Kamin gesessen und das Feuer beobachtet: Das Holz brennt zunächst mit leuchtender Flamme, schließlich glüht es nur noch, und dann erlischt es. Nach dem Abkühlen der Feuerstelle findest du meistens außer der grauen Asche schwarze „verkohlte" Holzstücke. Dieser schwarze Stoff wird von Chemikern als **Kohlenstoff** bezeichnet.

Für Chemiker ist der Kohlenstoff ein *Nichtmetall*. Dieser Begriff wird jedoch von Chemikern und Technikern mit ganz unterschiedlichen Bedeutungen verwendet. Sie lassen sich am Beispiel des *Holzes* und der *Holzkohle* aufzeigen:

Der Chemiker bezeichnet *nur* den schwarzen *Kohlenstoff* der Holzkohle (also nur einen *Teil* des verbrannten Holzes) als *Nichtmetall*. Der Techniker bezeichnet dagegen das unverbrannte Holz insgesamt als nichtmetallischen Werkstoff.

Nichtmetalle kann man an ihren Eigenschaften erkennen und dadurch von Metallen und auch voneinander unterscheiden. Sie kommen in der Natur nur selten in reiner Form vor – genau wie die Metalle. *Ein* natürlich vorkommendes Nichtmetall ist besonders kostbar ...

Darüber und über weitere feste Nichtmetalle kannst du auf den folgenden Seiten mehr erfahren.

4 Einige Nichtmetalle unter die Lupe genommen

Aus Umwelt und Technik: **Kohlenstoff – das Nichtmetall mit drei „Gesichtern"**

Wenn Brennstoffe im Ofen verbrennen, bildet sich leicht **Ruß**. Er setzt sich meist im Ofen und im Kamin ab. Daher muß der Schornsteinfeger ab und zu den Kamin reinigen und dabei den Ruß entfernen. Dieser Ruß ist **reiner Kohlenstoff**.

Kohlenstoff ist (mit anderen Stoffen verbunden) in allen Brennstoffen enthalten (→ Tabelle).

Wie du aus der Tabelle ablesen kannst, ist *Holzkohle* (Zeichenkohle, Grillkohle) ziemlich reiner Kohlenstoff. Sie wird deshalb oft bei Experimenten im Unterricht eingesetzt.

Der *reine* Kohlenstoff kommt aber nicht nur als Ruß vor. Auch die *Diamanten* und der Stoff *Graphit* sind reiner Kohlenstoff.

Graphit begegnet dir täglich, auch wenn dir das vielleicht bisher noch nicht aufgefallen ist: Graphit ist in allen Bleistiftminen enthalten.

Früher schrieb man zwar mit Blei, aber der Name *Bleistift* ist auf eine Verwechslung zurückzuführen. Lange Zeit hielt man nämlich Graphit für Blei. Vor gut 200 Jahren konnte man erst nachweisen, daß beide Stoffe gar nichts miteinander zu tun haben.

Kohlenstoffanteile in Brennstoffen

Brennstoff	Kohlenstoffanteil
100 g Holz	50 g
100 g Braunkohle	65–75 g
100 g Steinkohle	75–90 g
100 g Holzkohle	81–83 g
100 g Heizöl	85–88 g
100 g Anthrazit	99 g

1 Graphitschicht

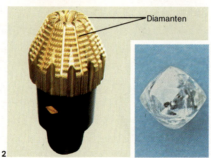
2 Diamanten

Obwohl Graphit kein Metall ist, leitet es – wie sonst nur die Metalle – den elektrischen Strom. Graphit wird deshalb auch in vielen Bauteilen der Elektrotechnik als elektrischer Leiter verwendet (Bild 1).

Vielleicht kennst du auch das Graphitpulver, das z. B. als Gleitmittel für Türschlösser verwendet wird.

Diamanten werden nur selten gefunden. Wenn sie „lupenrein" und ganz klar sind, werden sie zu Schmuckstücken verarbeitet. Der geschliffene Diamant heißt dann *Brillant*.

Der weitaus größte Teil der gefundenen Diamanten ist jedoch von geringerer Qualität und wird daher in der Industrie verwendet.

Diamanten sind sehr hart. Sie werden deshalb in verschiedene Werkzeuge eingebaut, mit denen man z. B. harte Metalle schneiden, schleifen oder bohren will. Auch bei den Geräten, mit denen man nach Erdöl oder Erdgas bohrt, sind die Bohrköpfe oft mit Diamanten besetzt (Bild 2).

Diamanten sind so hart, daß man damit Glas ritzen kann. Gute Glasschneider sind deshalb mit einem Diamanten ausgestattet.

Aus Umwelt und Technik: Wie Holzkohle hergestellt wird

Wie schon der Name sagt, wird Holzkohle aus Holz hergestellt. Früher machten das die *Köhler* in *Kohlenmeilern* (Bild 3). Heute schwelen nur noch einzelne Meiler in einigen Wäldern der Pfalz, Oberbayerns und des Harzes – als Sehenswürdigkeit für Touristen.

Solch ein Meiler muß fachmännisch aufgebaut und dann auch betreut werden: Zuerst errichtet der Köhler den *Kamin* des Meilers. Dazu steckt er vier lange Stangen in den Boden. Um diese Stangen herum wird das Holz möglichst dicht aufgestellt (Bild 4); anschließend wird es mit Reisig, Laub und Erde luftdicht abgedeckt. Um den Meiler anzuzünden, füllt der Köhler schließlich Reisig und glühende Holzkohle in den Kamin.

Etwa zehn bis vierzehn Tage lang schwelt nun das Holz bei einer Temperatur von ungefähr 500 °C. Dabei entweichen beißende Rauchschwa-

den durch die Abdeckung ins Freie. In dieser Zeit muß der Köhler Tag und Nacht Wache halten, damit der Meiler nicht irgendwo Luft bekommt und zu brennen anfängt.

Wenn die Holzkohle „gar" ist, wird der Meiler abgeräumt: Der Köhler trägt die Erdschicht ab und breitet die heiße Holzkohle aus. Dann besprüht er sie mit Wasser, damit sie an der frischen Luft nicht verglüht. Schließlich wird sie in Säcke abgepackt und als *Grillkohle* verkauft.

Die meiste Holzkohle wird heute in der *Industrie* in riesigen Kesseln (*Retorten*) hergestellt. Hier verwendet man Holzabfälle, die aus Möbelfabriken, Sägewerken und anderen holzverarbeitenden Betrieben angeliefert werden.

Der Köhler braucht 14 Tage, um Holzkohle herzustellen; die Retorte schafft es in 15 Stunden! Sie ist dabei „umweltfreundlicher" als der Meiler.

Aus der Geschichte: Die Diamantenstory

Das „Feuer" des Diamanten und seine unübertroffene Härte faszinierten die Menschen von Anfang an.

Es begann wohl damit, daß im Jahre 1866 am Ufer des Oranje-Flusses in Südafrika einige Diamanten gefunden wurden. Bald darauf brach das „Diamantenfieber" aus: Abenteurer strömten aus der ganzen Welt herbei.

Es entstanden sog. *Schürfstellen* an den Ufern des Oranje sowie im Bergland, in der Nähe der heutigen Stadt Kimberley. Dort entdeckte man diamanthaltige Vulkanschlote. Das blauschwarze Erz dieser „Röhren" wurde als *Kimberlit* bezeichnet.

Zunächst rückten die Diamantenschürfer dem Kimberlit mit Hacke und Schaufel zu Leibe. Sie waren so besessen, daß sie in vierzig Jahren ein 400 m tiefes, rundes Loch buddelten, das *„Big Hole"* (Bild 5).

Heute wird das Erz in den Diamantenminen bergmännisch abgebaut. Dabei werden aus etwa 22 000 Tonnen Erz ca. 8000 Karat Rohdiamanten gewonnen, das sind 1600 g (1 Karat = 0,2 g). Davon eignet sich nur etwa ein Fünftel für Schmuckstücke.

Der größte Rohdiamant, der jemals gefunden wurde, wog 3106 Karat. Es ist der *Cullinan*, der seinen Namen nach dem Besitzer der Diamantenmine bekam. Dieser Rohdiamant wurde im Jahre 1908 in 105 Teile gespalten.

Das war eine aufregende Angelegenheit: Ein Diamant läßt sich nämlich nur sehr schwer spalten. Es kann passieren, daß er dabei in viele relativ wertlose Stücke zerbricht! Der Streß war so groß, daß der *Cutter* (engl. für „Schneidender") nach Abschluß der Arbeiten drei Monate mit einem Nervenzusammenbruch daniederlag.

Die neun größten „Bruchstücke" wurden zu kostbaren Schmuckstücken geschliffen. Der schwerste davon, der *Cullinan I* (530 Karat), ziert das englische Königszepter, der *Cullinan II* (317 Karat) die Königskrone. Auch die übrigen Steine gehören entweder zu den englischen Kronjuwelen oder zum Privatschmuck der Königsfamilie.

1986 wurde wieder ein kostbarer Riesendiamant in Südafrika gefunden. Er hat 599 Karat und ist so groß wie ein Hühnerei. Nach der Bearbeitung soll er der zweitgrößte geschliffene Diamant der Welt werden.

Aus Umwelt und Technik: Schwefel – das leuchtend gelbe Nichtmetall

Reiner Schwefel bildet unterschiedlich geformte, gelbe Kristalle (Bild 1). Diese Kristalle können mehrere Zentimeter groß sein und werden wegen ihrer Schönheit gern gesammelt.

Schwefel kommt in der Natur häufig gediegen vor und bildet große Lagerstätten. Er gehört zu den wenigen Stoffen, die in reiner Form direkt an der Erdoberfläche zu finden sind.

Besonders in den Ländern am Mittelmeer ist er recht häufig. Man findet ihn z. B. an den Hängen des Vulkans *Ätna* (auf Sizilien). Dort strömen aus Erdspalten und Löchern stechend riechende Dämpfe, und rund herum setzt sich der leuchtend gelbe Schwefel ab (Bild 2).

Früher wurde Schwefel (z. B. auf Sizilien) bergmännisch abgebaut. Er wurde dann aus dem Gestein herausgeschmolzen. Dabei setzte man einen Teil des Schwefels wieder als Brennstoff ein. Das war eine gesundheitsschädigende Arbeit, und die Erträge waren nur gering.

Heute wird der Schwefel (z. B. in USA) schon in der Erde durch überhitzten Wasserdampf aus dem Gestein ausgeschmolzen und flüssig an die Erdoberfläche gebracht. Der so gewonnene Schwefel ist sehr rein.

Schwefel gehört zu den wichtigen Rohstoffen für die chemische Industrie. Mehr als zwei Drittel des gewonnenen Schwefels werden zur Herstellung von Schwefelsäure verbraucht.

Außerdem wird Schwefel in der Reifenindustrie verwendet. Dort vermischt man ihn mit dem Kautschuk, aus dem die Reifen gemacht werden. Der Kautschuk wird dadurch in elastischen Gummi umgewandelt.

Auch für Zündhölzer, Farben, bestimmte Sprengstoffe und medizinische Präparate verwendet man den Schwefel. So können z. B. schwefelhaltige Salben einige Hautkrankheiten heilen. In manchen Haarwaschmitteln, die gegen Schuppen helfen sollen, wird er ebenfalls verwendet.

Die Dämpfe, die beim Verbrennen von Schwefel entstehen, sind giftig. Deshalb sollte man sie möglichst nicht einatmen!

Diese Dämpfe können aber auch nützlich sein: Manche Krankheitserreger (Bakterien) und Schimmelpilze werden durch sie getötet. Deshalb wurden früher Vieh- und Geflügelställe mit Schwefel „ausgeräuchert", um sie von Ungeziefer und Bakterien zu befreien.

Aus der Geschichte: Schwefel – der „brennende Stein"

Schon früh war der Schwefel bei den Völkern, die im Mittelmeerraum lebten, bekannt. Sie hatten ihn z. B. an den Hängen der Vulkane gefunden und entdeckt, daß man ihn verbrennen konnte.

Der Schwefel verbrennt schon bei einer Temperatur von 260 °C. Dabei entstehen dann stechend riechende Dämpfe.

Diese Dämpfe regten die Phantasie der Menschen damals ungeheuer an: So glaubten sie zum Beispiel, daß man mit Hilfe des stechenden Geruches böse Geister vertreiben könne. Deshalb verwendeten sie den Schwefel als Räuchermittel und zu anderen geheimnisvollen religiösen Bräuchen.

Auch in der Medizin wurde Schwefel schon früh eingesetzt. Man konnte damit zwar keine bestimmten Krankheiten heilen, aber man verwendete ihn zum Desinfizieren.

Dabei machte man sich die Erfahrung zunutze, daß die beim Verbrennen entstehenden Dämpfe für Tiere, Pflanzen und Kleinstlebewesen sehr giftig sind.

Wenn dann Seuchen wie Pest und Cholera oder andere ansteckende Krankheiten auftraten, wurden die Wohnungen der Kranken mit Schwefel ausgeräuchert.

Das hatte zwar den Vorteil, daß die Krankheitserreger abgetötet wurden. Nachteilig war jedoch, daß die Dämpfe gleichzeitig die Atmungsorgane der noch gesunden Menschen schädigen konnten. Aber diese Zusammenhänge wurden erst später erkannt.

Im Mittelalter spielte Schwefel auch bei der Herstellung von Schießpulver (Schwarzpulver) eine große Rolle. Dabei wurde er mit anderen Stoffen vermischt.

Man verwendete das Schießpulver aber nicht nur für Kriegswaffen. Schon vor etwa 600 Jahren versuchte man, besonders festes Gestein in Bergwerken damit zu sprengen.

Etwa hundert Jahre später wurden erstmals Klippen in Flußbetten gesprengt, um den Wasserlauf besser befahrbar zu machen.

Aus Umwelt und Technik: Phosphor – das „zündende" Nichtmetall

Den Phosphor gibt es – ähnlich wie den Kohlenstoff – in drei Erscheinungsformen: als *weißen* Phosphor (er ist aufgrund von Beimengungen meist etwas gelb gefärbt), als *roten* und als *schwarzen* Phosphor.

Der Hauptverbraucher von Phosphor ist die Zündholzindustrie.

Zündhölzer kennt man seit Beginn des 19. Jahrhunderts. Sie bestanden damals aus kleinen Holzspänen, bei denen das eine Ende mit einer Mischung aus bestimmten chemischen Stoffen (einer hieß *Kaliumchlorat*) überzogen war. Diese entzündeten sich, wenn man die Spanköpfe in ein Fläschchen mit Asbest tauchte, der mit Schwefelsäure angefeuchtet war – nicht ganz ungefährlich.

Später gab es Zündhölzer, deren Köpfe aus einem Gemisch bestanden, das weißen Phosphor enthielt. Sie entflammten sofort, wenn man sie über eine harte Fläche strich. Man erkannte jedoch bald, daß diese Zündhölzer auch gefährlich waren, denn weißer Phosphor ist giftig.

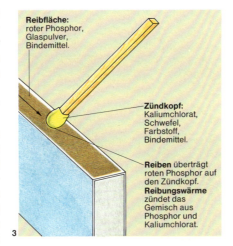

Reibfläche: roter Phosphor, Glaspulver, Bindemittel.
Zündkopf: Kaliumchlorat, Schwefel, Farbstoff, Bindemittel.
Reiben überträgt roten Phosphor auf den Zündkopf.
Reibungswärme zündet das Gemisch aus Phosphor und Kaliumchlorat.

3

Im Jahre 1855 wurden in Schweden die sog. *Sicherheitszündhölzer* erfunden. Der Zündholzkopf enthielt nun keinen weißen Phosphor mehr, sondern Schwefel oder einen schwefelhaltigen Stoff als brennbare Substanz. Diese Zündhölzer – oft auch *Schwefelhölzer* genannt – verbreiteten sich auch bei uns sehr schnell.

Noch heute wird Schwefel für unsere Zündhölzer verwendet. Das Gemisch für die *Zündköpfe* enthält nun jedoch etwa 20 verschiedene Chemikalien (Bild 3).

Phosphor wird nicht mehr für die Zündköpfe verwendet. Statt dessen enthält nun die *Reibfläche* der Zündholzschachtel unter anderem Glaspulver und roten Phosphor. Dieser ist ungiftig und weniger leicht entzündlich als weißer Phosphor.

Wenn man das Zündholz auf der Reibfläche anstreicht, wird etwas roter Phosphor losgerissen. Beim Reiben entsteht gleichzeitig Wärme. Beides wirkt auf den Zündkopf ein und bringt ihn zum Entflammen.

Für Phosphor gibt es in der chemischen Industrie noch weitere Verwendungsmöglichkeiten. Man stellt daraus vor allem Düngemittel her.

Aus der Geschichte: Wie der Phosphor entdeckt wurde

Der Alchemist *Hennig Brand* lebte im 17. Jahrhundert in Hamburg. Er entdeckte im Jahre 1669 den Phosphor.

Wie alle Alchemisten suchte er damals eigentlich den „Stein der Weisen". Man stellte sich darunter einen Stoff vor, mit dessen Hilfe unedle Metalle in Gold umgewandelt werden konnten. Brand kam auf die Idee, diesen „Urstoff" im Urin des Menschen zu suchen.

Dazu beschaffte er sich zunächst von Soldaten aus Kasernen etwa eine Tonne Urin. Diesen destillierte er so lange, bis ein schwarzer Rückstand übrigblieb.

Nach mehrstündigem Erhitzen in einer Retorte entstand daraus ein weißer Staub, der sich am Boden absetzte. Dabei konnte Brand ein deutliches Leuchten des Stoffes feststellen (Bild 4). Dieses Leuchten wurde immer intensiver, je mehr von dem Stoff entstand.

Brand experimentierte weiter mit dem neuen Stoff und stellte einige Eigenschaften fest: Wenn man ihn in kochendes Wasser warf, entstanden Dämpfe. Diese fingen an der Luft Feuer und entwickelten dabei einen dicken, weißen Rauch. Der Rauch bildete mit Wasser eine Säure.

Brand beschloß, aus seiner Entdeckung Nutzen zu ziehen: Er verkaufte kleine Portionen Phosphor gegen Gold. Aber reich wurde er dabei nicht. Schließlich verkaufte er sein Herstellungsrezept an einen anderen Alchemisten, der damit an den Fürstenhöfen ein Vermögen erwarb.

Der Alchemist *Johann Kunkel* hatte vergeblich versucht, das Rezept von Brand zu kaufen. Deshalb führte er eigene Versuche mit frischem Urin durch. Es gelang ihm tatsächlich, Phosphor als weiße, wachsähnliche Substanz zu gewinnen.

Da die Herstellung des Phosphors so aufwendig und umständlich war, wurde er sehr kostbar: Man wog ihn mit Gold auf. Dies ist um so erstaunlicher, als man ihn noch gar nicht praktisch verwenden konnte!

Kunkel veröffentlichte einen Aufsatz über seine Versuche mit dem Titel: *„Eine Dauernachtleuchte, die zuweilen funkelt und seit langem gesucht wurde, ist jetzt gefunden."*

Die Eigenschaft des Phosphors, im Dunkeln zu leuchten, gab ihm auch seinen Namen (griech. *phosphoros:* lichttragend, lichtbringend).

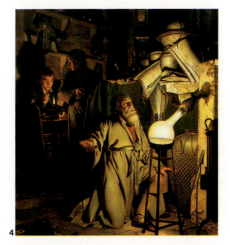

4

Stoffgemische und ihre Trennung

1 Wir reinigen Salz oder Wasser

Diese Salzbrocken (Bild 1) sehen gar nicht so schön weiß aus wie das Kochsalz aus der Küche. Sie sind durch verschiedene Beimischungen gefärbt.

Aber so, wie du es in Bild 1 siehst, kommt **Rohsalz** im Erdboden vor. Weil es „hart wie Stein" ist, nennt man das Rohsalz auch *Steinsalz*.

Hast du einen Vorschlag, wie man aus dem Rohsalz sauberes **Kochsalz** machen könnte?

V 1 Wir stellen uns selber „Rohsalz" her. Dazu mischen wir in einer Schale 3 Teelöffel Kochsalz mit 1 Teelöffel feinem Sand (Maurersand).
Vergleiche das Aussehen dieses *Gemisches* mit dem von Kochsalz (Bild 1).

V 2 Nun untersuchen wir, ob wir das Gemisch aus Sand und Salz wieder trennen können.

a) Schütte einen Teelöffel davon in ein Teesieb. Läßt sich das Gemisch trennen, wenn du das Sieb vorsichtig schüttelst?

b) Gib 1 Teelöffel des Gemisches in ein kleines Glasgefäß. Fülle das Glas dann etwa halb voll Wasser; rühre das Gemisch gut um, und laß es 1 Woche lang ruhig stehen.

V 3 Diesmal zerkleinern wir ein Stück eines Rohsalzbrockens zuerst vorsichtig mit einem Hammer (den Salzbrocken dazu lose in ein Tuch wickeln). Dann zerstoßen wir das Rohsalz weiter in einem Mörser.
Anschließend füllen wir ein Becherglas etwa drei Viertel voll Wasser und *lösen* 1 Teelöffel des Pulvers aus dem Mörser darin auf.

a) Beschreibe das Aussehen der Rohsalz*lösung*. Vergleiche auch mit der Flüssigkeit von Versuch 2.

b) Gieße mit der Rohsalzlösung ein kleines Becherglas etwa halb voll,

und laß es ebenfalls 1 Woche lang ruhig stehen.

V 4 Gelingt es, die in dem Wasser gelösten Bestandteile der Rohsalzlösung (Salz und Verunreinigungen) wieder voneinander zu trennen?

a) Gieße die Rohsalzlösung durch verschiedene *Siebe* (Bild 2).

b) Gieße sie durch einige *Filter*, z.B. auch durch einen Sandfilter (Bild 3).

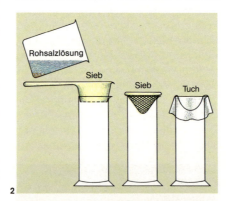

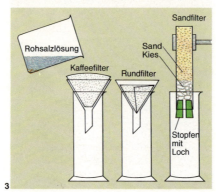

c) Wenn das filtrierte Wasser *(Filtrat)* noch farbig ist, kann es durch einen *Aktivkohlefilter* gegossen werden.

V 5 Jetzt vergleichen wir, wie lange es dauert, bis eine bestimmte Menge Rohsalzlösung durch verschiedene Filter gelaufen ist.

a) Dazu brauchen wir unterschiedliche Filterpapiere, die wir nach ihrer *Porengröße* ordnen. (Nimm dir dazu eine Lupe. Drücke die Filterpapiere gegen eine Fensterscheibe, damit sie von hinten Licht bekommen.)

b) Wir bereiten nun die Filterapparaturen vor. Außerdem schütten wir in genauso viele Bechergläser jeweils gleich viel Rohsalzlösung.

c) Nun wird diese Rohsalzlösung gleichzeitig in die Filter gegossen. Dabei läuft eine Stoppuhr.
Durch welches Filterpapier läuft das Wasser am schnellsten, durch welches am langsamsten?

d) Sieh dir die Filtrate an. Weshalb sind sie unterschiedlich gereinigt?

V 6 Gieße nun das sauberste Filtrat aus Versuch 5 in eine Porzellanschale. *Dampfe* es vorsichtig *ein*.
Dabei mußt du *Sicherheitsmaßnahmen* beachten: Um das Spritzen beim Eindampfen zu vermeiden, Siedesteinchen in die Flüssigkeit geben! Schutzbrille tragen! Vorsicht beim Umgang mit dem Brenner!

Nicht nur Salz, sondern auch **Wasser** kommt verunreinigt vor: Schmutzwasser.

Regelmäßig muß z. B. das Wasser des Aquariums gereinigt werden.

Wenn man Wasser reinigen will, kann man es auf ähnliche Weise versuchen wie beim Salz.

V 7 Besorge dir Materialien, die man auch für den Boden eines Aquariums verwendet (z. B. groben und feinen Kies sowie etwas Sand oder Torf). Außerdem brauchst du ein hohes, schmales Glasgefäß (z. B. ein Einmachglas, eine Blumenvase oder einen Standzylinder aus der Sammlung).

Nun füllst du das Glasgefäß etwa zur Hälfte mit Wasser. Schütte von jedem der Materialien einen Eßlöffel voll ins Wasser, und rühre gut um. Auf diese Weise ist – wie der Fachausdruck der Chemiker lautet – eine *Aufschlämmung* entstanden.

Laß das Gefäß mit dem Wasser einen Tag lang ruhig stehen. Beschreibe dann, wie sich der Inhalt verändert hat.

V 8 Wir stellen uns etwas Wasser her, das durch verschiedene Stoffe verschmutzt ist (Bild 5).

a) Gieße etwas von dem Schmutzwasser in einen Standzylinder, und laß alles 5 Minuten lang ruhig stehen.

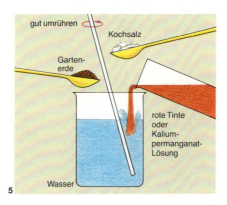

b) Wie wird wohl das Schmutzwasser nach einer Stunde aussehen?

c) Nach einiger Zeit gießt du das Wasser vorsichtig in ein Becherglas ab. Den Rückstand schüttest du in eine flache Schale.

Sieh dir das Wasser und den Rückstand mit einer Lupe an.

V 9 Nimm wieder Schmutzwasser, und rühre es gut um.

Gieße etwas durch verschiedene Filter (Bild 3), möglichst auch durch einen Aktivkohlefilter.

V 10 Dampfe das sauberste Filtrat in einer Porzellanschale ein.

(Beachte dabei die in Versuch 6 beschriebenen Sicherheitsmaßnahmen!)

Sedimentieren und Dekantieren

Wenn sich in Flüssigkeiten Schwebeteilchen befinden, setzen sich diese allmählich ab; man sagt, sie **sedimentieren**.

Diesen Vorgang kann man z. B. auch bei naturtrüben Fruchtsäften beobachten (Bild 6). Das dort am Boden abgesetzte Fruchtfleisch bildet das sogenannte *Sediment* oder den *Bodensatz*.

Manchmal macht man sich das Sedimentieren auch in der Küche zunutze: Wenn man Kartoffeln reibt, um Reibekuchen (Kartoffelpuffer) zu machen, setzen sich die festeren Bestandteile unten ab. Ein Teil der Flüssigkeit sammelt sich oben und kann abgegossen werden (Bild 7). Dieses Abgießen nennt man **Dekantieren**.

Das Filtrieren

Wenn feste Stoffe (z. B. Sand oder Lehm) von flüssigen Stoffen (z. B. Wasser) getrennt werden sollen, ist ein einfaches Verfahren geeignet: das **Filtrieren**.

Dazu verwendet man am besten ein rundes Filterpapier, das gefaltet und in einen passenden Glastrichter eingelegt wird (Bild 1). Das Filterpapier soll nicht über den Rand des Trichters hinausragen. Damit es an der Glaswand gut festsitzt, wird es mit etwas Wasser angefeuchtet.

Die Flüssigkeit, die filtriert werden soll, wird nur so weit in den Filter gegossen, daß sie noch etwa 1 cm unter dem Rand des Filterpapiers steht. Auf diese Weise können keine festen Bestandteile zwischen Filterpapier und Glaswand hindurchrutschen.

Die gereinigte Flüssigkeit im Becherglas heißt **Filtrat**. Der im Filter zurückgebliebene Rest ist der **Rückstand**.

In unseren Versuchen konnten wir beobachten, daß einige Stoffe im Filter zurückgehalten wurden, andere aber nicht. Woran liegt das?

Bei der Herstellung des Filterpapiers werden die Papierfasern fest zusammengepreßt, so daß sie dabei verfilzen. Zwischen den Fasern bleiben jedoch winzige Kanäle frei: die **Poren**.

Diese Poren lassen Wasser oder aufgelöste Stoffe (z. B. Kochsalz) hindurch. Alle festen Bestandteile, die größer als die Poren sind, werden dagegen vom Filter zurückgehalten (Bild 2).

Es gibt Filter mit unterschiedlichen Porengrößen. Die Poren des runden Filterpapiers sind etwa $\frac{1}{2000}$ mm groß. Wenn du dir nun bei einem Versuch das Filtrat und den Rückstand im Filterpapier anschaust, kannst du sogar etwas über die Größe der Bestandteile sagen, die sich im Wasser befunden haben.

Fragen und Aufgaben zum Text

1 Ein Filter hat eine Porengröße von drei Tausendstel Millimeter. Welche Größe haben feste Bestandteile, die dadurch zurückgehalten werden?

2 Prüfe in einem **Versuch**, ob Zuckerwasser durch das Papier eines Kaffeefilters hindurchgeht. Was kannst du über die Größe der Zuckerteilchen sagen?

3 Beim Filtrieren kann man oft beobachten, daß die Flüssigkeit anfangs schnell durch den Filter läuft; dann geht es immer langsamer. Woran kann das liegen?

4 Beim Automotor gibt es einen Ölfilter. Welche Aufgabe könnte er haben?

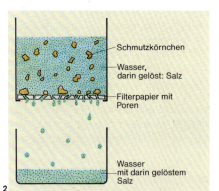

Auch Aktivkohle kann als Filter dienen

Aktivkohle gibt es als feines, schwarzes **Pulver** oder in Form kleiner **Körnchen**, die höchstens ein paar Millimeter dick sind. Sie wird z. B. aus Holzkohle hergestellt, die besonders behandelt wird: Man erhitzt die Holzkohle zusammen mit Wasserdampf oder mit chemischen Zusätzen. Dadurch bekommt sie eine sehr **große Oberfläche**:

Die Aktivkohlekörnchen in Bild 3 sehen noch ziemlich glatt aus. Betrachtet man aber eines der Körnchen unter einem Mikroskop mit starker Vergrößerung, dann sieht es aus wie auf Bild 4.

Die Aktivkohle hat, ähnlich wie ein Schwamm, viele **Poren** in den unterschiedlichsten Formen. Die Wände dieser Poren ergeben zusammen die große Oberfläche.

Das kannst du dir vielleicht schlecht vorstellen. Bild 5 zeigt dir aber, wie es zu verstehen ist: Dort sind vier Papierstreifen gezeichnet. Je enger und schmaler du einen Papierstreifen faltest, desto mehr Papier kannst du auf 2,5 cm unterbringen. Stell dir nun vor, du ziehst den vierten Papierstreifen auseinander und legst ihn neben den ersten: Du siehst dann deutlich, daß die *Oberfläche* des vierten Streifens viel größer ist als die des ersten.

Bei der Aktivkohle ist es ähnlich: Je mehr Poren ein Korn hat, desto größer ist seine gesamte Oberfläche. Die Aktivkohle in dem Fingerhut von Bild 3 wiegt nur 1 g, hat aber eine Oberfläche von etwa 1000 m^2! Das entspricht einer Fläche von etwa 20 Klassenzimmern!

Je größer die Oberfläche der Aktivkohle ist (je mehr Poren sie hat), **desto mehr Schmutzteilchen** können an der Oberfläche haften. Das zeigt dir Bild 6: Die Schmutzteilchen bleiben an den Wänden der Poren hängen, wie kleine Wassertropfen an einer Fensterscheibe.

Aktivkohlefilter werden dann eingesetzt, wenn man **feine Verunreinigungen** aus Flüssigkeiten und Gasen entfernen will, die durch die kleinen Öffnungen normaler Filter hindurchgehen.

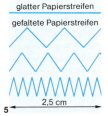

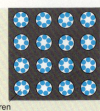

Aufgaben

1 Rohsalz enthält außer Kochsalz auch andere Stoffe; es ist ein Stoffgemisch. Kann man das Rohsalz durch Sedimentieren oder Dekantieren reinigen?

Geht es durch Sieben und Filtern? Erkläre, warum das so ist.

2 Suche Beispiele für die Verwendung von Sieben und Filtern. Notiere, welche Stoffe getrennt werden.

3 Bestimmt kennst du Studentenfutter (Bild 7) – ein Gemisch aus verschiedenen Nüssen, Rosinen und Mandeln. Durch welches Verfahren kann man seine Bestandteile voneinander trennen?

4 Wenn Quark längere Zeit in einem Behälter steht, setzt sich oben Wasser ab. Woran liegt das?

Mit welchem Fachausdruck würde der Chemiker das beschreiben?

5 Durch einen **Versuch** mit einem Eisen-Schwefel-Gemisch lernst du weitere Trennverfahren kennen:

In einer Porzellanschale werden ein Spatel Eisenfeilspäne und die gleiche Menge Schwefelpulver vermischt. Schütte einen Spatel dieses Gemisches auf ein Blatt Papier, und hole die Eisenfeilspäne aus dem Gemisch heraus. (Nutze dabei die besondere Eigenschaft des Eisens.)

Was wird geschehen, wenn du das Gemisch in ein Glas mit Wasser schüttest?

Ob das Eisen und der Schwefel beim Mischen und Trennen ihre Eigenschaften verändert haben?

6 Wie in Bild 8, durch *Windsichten*, trennt man heute noch in einigen Entwicklungsländern Korn von Spelzen und Strohhalmstücken.

Welche Eigenschaft von Spreu und Korn macht man sich bei diesem Trennverfahren zunutze?

Aus Umwelt und Technik: **Wenn Wasser durch Öl verschmutzt wird ...**

Öl kann sich nicht dauerhaft mit Wasser vermischen.

Das zeigt ein einfacher Versuch mit einem Glas Wasser, in das etwas Speiseöl gegossen wurde: Wenn man kräftig umrührt, bildet sich eine trübe *Emulsion*. Nach einiger Zeit setzt sich das Öl wieder an der Wasseroberfläche ab (Bild 9).

Leider sind die Weltmeere sehr stark durch Öl verschmutzt – natürlich nicht durch Speiseöl. Gemeint sind Mineralöle, die – wenn sie ins Wasser gelangen – dort einen üblen Geschmack und Geruch verursachen. Schlimmer ist jedoch: Wasser, das mit Öl verschmutzt wurde, ist giftig!

Wie das Mineralöl ins Wasser gelangt, wirst du sicher bereits wissen: z. B. durch Lecks in Tankschiffen und durch Tankerunfälle.

Wenn ein „Ölriese" ausläuft, sind die Folgen tatsächlich verheerend:

Über Tausende von Quadratkilometern hinweg ist die Meeresoberfläche mit einer Ölschicht bedeckt.

Auch die Strände werden mit Öl verschmutzt. Das Öl vermischt sich dort mit dem Erdboden zu einer übelriechenden Masse.

Vor allem aber vernichtet das Öl Millionen von Seevögeln, Fischen, Muscheln und anderen Lebewesen.

Es dauert Monate oder Jahre, bis die Strände wieder gesäubert sind: z. B. durch mühsames Abtragen des verschmutzten Erdreiches (Bild 10).

Wenn ein Tanklastzug verunglückt, läuft zwar weniger Öl aus, die Gefahren sind aber ebenfalls groß. Öl kann nämlich auf diese Weise ins Grundwasser oder in Seen gelangen.

Die Feuerwehr ist deshalb auch mit *Ölbindemitteln* ausgerüstet. Diese „saugen" das Öl in großen Mengen auf und werden dann vernichtet.

Stoffgemische und ihre Trennung

2 Trinkwasser aus Meerwasser

Obwohl *Patmos* (Bild 1, zwischen Griechenland und der Türkei) wie alle Inseln von Wasser umgeben ist, litten die Bewohner im Sommer unter Wassermangel. Deshalb wurde bis vor wenigen Jahren in trockenen Sommern Trinkwasser vom Festland auf die Insel transportiert! Das war umständlich und auch kostspielig.

An der Technischen Universität von Athen bemühte man sich, eine Lösung für dieses Problem zu finden. Hättest *du* eine Idee gehabt?

V 11 Stelle dir etwas „Meerwasser" her, indem du einen gehäuften Teelöffel Kochsalz in einer Tasse Wasser löst. Dann bringst du diese Salzlösung zum Sieden. Halte einen kalten Deckel über den Topf (Bild 2). Vorsicht!

a) Die Tropfen kannst du in einer Tasse sammeln und dann probieren. (Wasch dir vorher die Hände!)

b) Versuche, einen Apparat zu „erfinden", bei dem nicht so viel Wasserdampf verlorengeht.

V 12 Wasser, das man durch Verdampfen und Abkühlen (Kondensieren) von Wasserdampf gewinnt, heißt *destilliertes Wasser*. Der Vorgang selbst heißt *Destillation*.

Im Liebig-Kühler lassen sich solche Destillationen durchführen. In diesem Versuch (Bild 3) wird eine Kochsalzlösung verdampft.

a) Wozu wird kaltes Wasser von unten nach oben durch den Kühler geleitet?

b) Was passiert schließlich mit dem Wasser aus der Salzlösung?

c) Was wird sich deiner Meinung nach im Becherglas sammeln, und was bleibt im Rundkolben zurück?

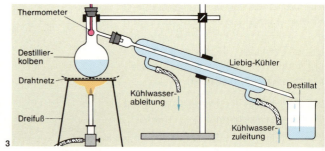

Aufgaben

1 Mache einen Vorschlag, wie man auf der Insel Patmos zu Trinkwasser kommen kann.

2 Überlege, ob destilliertes Wasser Ränder hinterläßt, wenn es längere Zeit in einem Glas stehenbleibt und zum Teil verdunstet.

3 Chemiker verwenden bei ihren Experimenten anstelle von Leitungswasser destilliertes Wasser. Versuche, eine Erklärung dafür zu finden.

4 Früher fing man häufig Regenwasser zum *Waschen* auf. Überlege, ob man es auch *trinken* kann.

Aus Umwelt und Technik: **Die Sonne löst Wasserprobleme**

Auf vielen Inseln und an mehreren Küstenabschnitten des Mittelmeeres stehen heute große Anlagen zur **Trinkwassergewinnung aus Meerwasser**. Einige von ihnen gleichen Gewächshäusern. Das wird in den Bildern 4 u. 5 deutlich. In ihrem Innern befinden sich lange Becken, die nach oben hin durch schräge Glasdächer abgeschlossen sind. Das Meerwasser wird alle zwei Tage abgelassen und durch frisches ersetzt.

Außen, zwischen den Dächern, hat man eine zweite Rinne angebracht. Hier sammelt sich das Regenwasser – wenn es einmal regnet. Es kann dann ebenfalls als Trinkwasser verwendet werden.

Täglich werden in solchen Anlagen von jedem Quadratmeter Wasserfläche 3 Liter destilliertes Wasser gewonnen. Die Anlagen arbeiten auch nachts. Wie im Treibhaus staut sich nämlich unter den Glasflächen so viel Wärme, daß die Destillation Tag und Nacht erfolgt.

In den letzten Jahrzehnten wurden verschiedene Möglichkeiten entwickelt, Meerwasser zu entsalzen. Damit wächst die Hoffnung, daß wenigstens in Küstennähe kleinere Trockengebiete der Erde in Felder und Gärten verwandelt werden können.

Wie du vom Experimentieren her weißt, enthalten Leitungswasser und Mineralwasser gelöste Stoffe (Mineralsalze); der menschliche Körper benötigt sie. Deshalb eignet sich destilliertes Wasser nicht als Trinkwasser. Durch Zusatz von Mineralsalzen läßt sich jedoch leicht aus destilliertem Wasser Trinkwasser herstellen.

Fragen und Aufgaben zum Text

1 Beschreibe, wie in der Anlage von Bild 4 Trinkwasser aus Meerwasser gewonnen wird.

2 Vergleiche die Vorgänge von Bild 4 mit denen, die in dem in Bild 3 dargestellten Versuch ablaufen.

3 Warum wäre diese Anlage nicht geeignet, um damit z. B. aus Nordseewasser Trinkwasser zu gewinnen?

4 Suche im Atlas die großen Trockengebiete der Erde heraus. Überlege, welche Gebiete geeignet wären, um dort *durch Destillation* Trinkwasser aus Meerwasser zu gewinnen.

Aus der Geschichte: **Alte Geräte für die Destillation**

Im Mittelalter waren die Eigenschaften der meisten Stoffe noch unbekannt. Die Alchimisten – die damaligen „Chemiker" – suchten sie herauszubekommen, z. B. indem sie sie in ihre Bestandteile zerlegten. Dazu lösten sie die Stoffe zunächst einmal in Wasser auf, um sie dann anschließend zu destillieren. Das gelang nicht immer.

Seit dem 13. Jahrhundert verwendete man Geräte, bei denen das Destillat außerhalb des Ofens gekühlt wurde. Dabei kühlte man zunächst mit Luft (Bild 1), später dann schon mit Wasser (Bild 2). In Bild 3 erkennst du einen Vorläufer des heutigen Liebig-Kühlers. Bei ihm wurde das Destillat im sog. „Gegenstromprinzip" gekühlt.

1

2

3

Wir unterscheiden Stoffgemische und reine Stoffe

Wie die folgende Übersicht zeigt, können die Bestandteile von **Gemischen** *fest, flüssig* oder *gasförmig* sein.

Da die Bestandteile der Gemische ihre ursprünglichen Eigenschaften durch das Mischen nicht verlieren, kann man sie aufgrund dieser Eigenschaften wieder voneinander trennen. Dabei benutzt man solche Trennverfahren, wie wir sie bisher kennengelernt haben.

Stoffe, die sich durch diese Trennverfahren nicht zerlegen lassen, nennt man **reine Stoffe**. Wie ihr Name schon sagt, sind es einheitliche Stoffe, die keine Beimischungen enthalten.

Kupfer und andere Metalle, Schwefel, Kochsalz, Zucker und auch destilliertes Wasser sind Beispiele für reine Stoffe.

Übersicht über die Stoffgemische

Aggregatzustände der Bestandteile	Name des Gemisches	Beispiele
fest in fest fest in flüssig fest in gasförmig	Gemisch; Legierung Suspension; Lösung Rauch	Granit, Hausmüll; Messing, Bronze Schmutzwasser, Aufschlämmung; Zucker oder Salz in Wasser Schmutzteilchen in der Luft, aufgewirbelter Staub
flüssig in fest flüssig in flüssig flüssig in gasförmig	– Emulsion; Lösung Nebel	feuchter Sand nach Regenguß Milch (Fett in Wasser); Wein (Alkohol in Wasser) Wassertröpfchen in der Luft, versprühtes Haarspray
gasförmig in fest gasförmig in flüssig gasförmig in gasförmig	Poröser Stoff Schaum; Lösung Gasgemisch	Bimsstein, Aktivkohle Seifenschaum, Löschschaum; Luft oder Kohlenstoffdioxid in Wasser Luft

Alles klar?

1 Warum sollte man Flaschen mit Kakao oder Fruchtsaft erst schütteln, bevor man sie öffnet?

2 Kurz nach einem Regenguß ist das Wasser in Pfützen trübe, nach einiger Zeit wird es aber klar. Wie kommt das?

3 In welchen Fällen würdest du verschmutztes Wasser durch Filtrieren, in welchen durch Destillieren reinigen?

4 Welchen Vorteil hat die Destillation gegenüber dem Eindampfen? Wieso gelingt sie im Liebig-Kühler so gut?

5 Das Gerät von Bild 2 auf dieser Seite wurde früher zur Destillation benutzt.
Aus welchen Teilen besteht dieser „Destillierofen"? Vergleiche ihn mit dem Liebig-Kühler.
Wie funktionierte wohl dieses Gerät? Versuche eine einfache Beschreibung.

3 Zusammenfassung

Was ist ein Gemisch?

Ein **Gemisch** entsteht dadurch, daß mindestens zwei *Stoffe miteinander vermischt* werden. Die Stoffe können fest, flüssig oder gasförmig sein.

Die Bestandteile der Gemische liegen ungeordnet nebeneinander. Oft sind sie so fein zerteilt, daß man sie auch mit der Lupe nicht erkennen kann. Gemische kann man *in ihre Bestandteile zerlegen.* Dabei nutzt man die unterschiedlichen Eigenschaften der Bestandteile aus.

Die Eigenschaften der Bestandteile werden durch das Mischen und Trennen nicht verändert.

Methoden zur Trennung von Gemischen

4 Gemische, die aus groben Bestandteilen bestehen, lassen sich durch **Auslesen** der einzelnen Bestandteile trennen.

5 Gemische, bei denen die Bestandteile unterschiedlich groß sind, lassen sich durch **Sieben** (Siebe mit verschiedenen Maschengrößen) trennen.

6 Bodenproben lassen sich durch **Aufschlämmen** mit Wasser entmischen. Bleibt die Aufschlämmung ruhig stehen, setzen sich die Bestandteile nach ihrer Größe ab.

7 Feiner Schmutz wird durch **Filtrieren** aus dem Wasser entfernt. Im Filter bleiben Schmutzteilchen zurück, die größer als die Poren des Filters sind.

8 Wenn das Wasser zum Beispiel durch bestimmte Farbstoffe verunreinigt wird, benötigt man zur Trennung einen Filter aus **Aktivkohle**.

9 Wenn sich ein Stoff in Wasser aufgelöst hat, kann man ihn durch **Verdunsten** (oder Eindampfen) des Wassers zurückerhalten.

10 Wenn man den gelösten Stoff *und* auch das Wasser zurückgewinnen will, gelingt das durch ein **Destillieren** der Flüssigkeit.

Stoffe, die sich durch diese Trennverfahren nicht zerlegen lassen, sind **reine Stoffe**. Sie sind also keine Gemische, sondern einheitliche Stoffe ohne Beimischungen.

Zwei besondere Trennverfahren

1 Wir gewinnen Stoffe durch Extraktion

V 1 Probiere aus, ob du Öl- und Grasflecken entfernen kannst. Dazu brauchst du zwei kleine Stofflappen (z. B. von einem alten Küchentuch).

a) Zunächst stellst du dir die Flecken her. Dazu reibst du in den einen Lappen etwas Gras, bis der grüne Pflanzenfarbstoff Flecken bildet.
Auf den anderen Lappen tropfst du etwas Fahrradöl (oder du wischst mal eben über deine Fahrradkette).

b) Versuche nun, die Flecken unter fließendem, warmem Wasser auszuwaschen.

c) Probiere auch Seife und andere Reinigungsmittel aus. Laß die Lappen anschließend trocknen.

d) Kann man die Flecken mit Reinigungsbenzin [F] oder mit Brennspiritus [F] entfernen? (Gut lüften! Es darf keine offene Flamme in der Nähe sein! Flasche schnell verschließen!)

V 2 Einige Grashalme werden grob zerkleinert und möglichst gleichmäßig auf drei Reagenzgläser verteilt. Dann werden die folgenden Flüssigkeiten (jeweils etwa 4 cm hoch) dazugeschüttet: Wasser, Reinigungsbenzin [F] und Brennspiritus [F].
Beschreibe den Inhalt der Reagenzgläser nach fünf Minuten, nach einer Stunde und nach einer Woche.

V 3 Diesmal werden Grashalme und Spinat- oder Brennesselblätter zunächst mit einer Schere zerkleinert. Anschließend legen wir sie in eine Reibschale. Die Schale soll etwa zu einem Drittel gefüllt sein.
Nun fügen wir 4–5 Spatelspitzen Quarzsand und etwa 10 ml Brennspiritus [F] hinzu. Wir zerreiben das Gemisch etwa 3 Minuten lang. Dann geben wir weitere 5 ml Brennspiritus hinzu und reiben noch einmal alles gut durch.

Die Flüssigkeit wird abfiltriert. Beschreibe, wie dein Filtrat aussieht. (Das Filtrat in einem dicht schließenden Gefäß für V 7 aufbewahren!)

V 4 Nun sollen einige Nüsse (z. B. Erdnüsse oder Haselnüsse) und Sonnenblumenkerne in der Reibschale zerrieben werden.

a) Wir verteilen den entstandenen „Brei" auf drei Reagenzgläser. Dann schütten wir ca. 3 cm hoch Wasser, Reinigungsbenzin [F] und Brennspiritus [F] dazu. Die Gläser werden verschlossen und kräftig geschüttelt.
Beschreibe den Inhalt der Gläser nach etwa 5 Minuten.

b) Anschließend tropfen wir aus jedem Reagenzglas 2–3 Tropfen auf ein Stück Filterpapier.
Was kannst du beobachten? Halte das Papier auch gegen das Licht, sobald es getrocknet ist.

Aufgaben

1 In Versuch 3 haben wir den grünen Farbstoff aus den Blättern „herausgezogen". Der Chemiker verwendet dafür den lateinischen Ausdruck **extrahieren**. Der gesamte Vorgang heißt dementsprechend **Extraktion**.
Auch in Versuch 4 haben wir eine solche Extraktion durchgeführt. Welcher Stoff wurde dabei extrahiert?

2 Bei der Extraktion wird ein chemischer Stoff als Lösemittel verwendet (so z. B. Waschbenzin oder Brennspiritus). Darin löst sich der Stoff, den man extrahieren will, auf.
Welches Lösemittel eignet sich für Öl und welches für den grünen Pflanzenfarbstoff?

3 Mit welchen Lösemitteln würdest du die Flecken auf der Kleidung in Bild 1 entfernen? (Sieh dir dazu die Tabelle *Wie man Flecken entfernen kann* auf der Nachbarseite an.)

4 In Kleidungsstücken findest du Hinweise darauf, wie das Teil gereinigt werden soll. Notiere dir die Angaben, und frage in einer chemischen Reinigung nach, was die Abkürzungen bedeuten.

5 Die Extraktion ist ein *besonderes Trennverfahren*.
Worin unterscheidet sie sich von anderen Trennverfahren, wie z. B. dem Filtrieren oder Destillieren?

Aus Umwelt und Technik: **Extraktionen in Haushalt und Industrie**

Vielleicht hast du dir schon einmal Kaffee oder einen Kräutertee (Bild 2) gekocht. Das ist ganz leicht:

Beim *Kaffeekochen* wird das Kaffeepulver oben in den Filter geschüttet und kochendes Wasser daraufgegossen. Unten in der Kanne sammelt sich dann der fertige Kaffee.

Das *Teekochen* geht noch leichter: Da taucht man einfach einen Teebeutel in heißes Wasser (Bild 3).

Du kannst dir sicherlich denken, welche Vorgänge beim Kaffee- oder Teekochen ablaufen. Es sind **Extraktionen**, wie wir sie auch bei den Versuchen durchgeführt haben. Nur ist das Lösemittel hier ganz normales heißes Wasser.

Damit werden aus dem Kaffeemehl und den getrockneten Teeblättern z. B. die Wirkstoffe, Aromastoffe und Farbstoffe extrahiert. („Wirkstoffe" bewirken z. B., daß der Kaffee „wach macht"; Aromastoffe geben dem Getränk sowohl den Geruch als auch den Geschmack.) Beim Teekochen kann man die Extraktion besonders gut beobachten (Bild 3).

Die extrahierten Stoffe werden auch als **Extrakt** bezeichnet.

Gerade im *Haushalt* kannst du sehr viele Extrakte finden. Lies z. B. mal nach, was auf den Gläsern von löslichem Kaffee oder von Fleischbrühe steht. Auch Essig, Haarwasser und Badezusätze enthalten Extrakte.

Sie alle werden in der *Industrie* hergestellt – und zwar ganz ähnlich wie in unseren Versuchen.

Wichtig ist auch die Extraktion von Öl aus den Samen und Früchten bestimmter Pflanzen (Bild 4). Dabei werden die Pflanzenteile zunächst gemahlen. Anschließend gewinnt man das Öl durch Auspressen oder Extrahieren.

Beim *Auspressen* wird der Brei aus den gemahlenen Samen und Früchten meist erhitzt. Dadurch wird das Öl dünnflüssiger und läßt sich leichter von den Rückständen trennen. Das so gewonnene Öl ist sehr rein.

Beim *Extrahieren* setzt man dem „Brei" zunächst Lösemittel zu, in denen sich das Öl löst. Dann müssen Öl und Lösemittel sorgfältig wieder getrennt werden (z. B. durch Destillation). Dabei bleiben jedoch oft Spuren des Lösemittels im Öl zurück.

Auch bei der *Reinigung* von verschmutzter Kleidung spielen Extraktionen eine große Rolle. In der Übersicht *Wie man Flecken entfernen kann* siehst du, daß dabei ganz unterschiedliche Stoffe als Lösemittel dienen können.

Wie man Flecken entfernen kann

Flecken	Lösemittel	Hinweise zum Gebrauch	Flecken	Lösemittel	Hinweise zum Gebrauch
Altöl	Benzin	mit Wattebausch betupfen (Vorsicht, feuergefährlich!)	Kaffee, Kakao	Feinwaschmittel-lösung	Waschen nach Vorschrift
Bier	lauwarmes Wasser	vorsichtig ausbürsten	Kugelschreiber	Alkohol	mit Wattebausch betupfen
Grasflecken	Alkohol/Spiritus	mit Wattebausch betupfen	Marmelade	lauwarmes Wasser	vorsichtig ausreiben
Blut	Wasser	in kaltem Wasser reiben	Öl, Salatsoße	Fleckenwasser	→ Gebrauchsanweisung
Fett, Butter, Margarine	Benzin	mit Wattebausch betupfen (Vorsicht, feuergefährlich!)	Schweiß	lauwarmes Wasser	vorsichtig ausbürsten
Cola, Saft	Feinwaschmittel-lösung	Waschen nach Vorschrift	Tinte	Feinwaschmittel-lösung	anfeuchten und betupfen

2 Wir untersuchen Farbstoffe durch Chromatographie

Kriminalkommissar Schröder macht sich mit dem angeblich gefälschten Scheck auf den Weg zum Labor: „Kein Problem, unsere Spezialisten haben im Nu heraus, ob da mit zwei verschiedenen Filzstiften geschrieben wurde!" ...

V 5 Nimm zwei schwarze Filzstifte von verschiedenen Firmen, dazu drei runde Filterpapiere (Rundfilter).

Male mit einem Stift einen dicken Punkt mitten auf den einen Rundfilter, mit dem anderen Stift einen Punkt auf den zweiten Rundfilter.

Dann schneidest du den dritten Rundfilter in der Mitte durch und rollst jede Hälfte zu einem „Docht" zusammen. Die „Dochte" steckst du mitten durch die schwarzen Punkte.

Nun legst du die Rundfilter auf zwei flache Gefäße mit Wasser. Dabei sollen die „Dochte" ins Wasser eintauchen (Bild 2). Was kannst du nach einigen Minuten beobachten?

V 6 Untersuche auf gleiche Weise andere Filzstiftfarben, außerdem Tinte, Zeichentusche, Kugelschreiberpaste und Wasserfarben.

Erhältst du andere Ergebnisse, wenn du statt Wasser z. B. Mundwasser oder Brennspiritus F in die Gefäße schüttest? (Vorsicht!)

V 7 Diesmal untersuchen wir den grünen Pflanzenfarbstoff, den wir in Versuch 3 hergestellt haben.

Den Versuchsaufbau zeigt wieder Bild 2. Dabei tauchen wir den „Docht" einmal in Brennspiritus und einmal in Wasser. Erhältst du unterschiedliche Ergebnisse? Beschreibe!

V 8 Nun wählen wir einen anderen Versuchsaufbau: Der grüne Pflanzenfarbstoff wird in ein Uhrgläschen geschüttet. In die Flüssigkeit stellen wir senkrecht ein frisches Stück weißer Tafelkreide.

Was kannst du beobachten? Vergleiche mit dem Ergebnis von Versuch 7.

V 9 Wir schneiden ein Stück weißes Küchenpapier so zurecht, daß es in ein großes Becherglas paßt (Bild 3).

Eine schmale Seite kleben wir um einen langen Bleistift. An der anderen schmalen Seite ziehen wir 1 cm vom Rand entfernt eine dünne Linie. Auf diese Linie setzen wir 4–5 verschiedene Farbpunkte.

Das Papier wird nun ins Glas gehängt. Er soll nur eben ins Lösungsmittel eintauchen.

Beschreibe deine Beobachtungen.

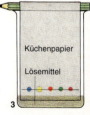

Wie entstehen Chromatogramme auf Papier?

In Versuch 5 hast du ein besonderes Verfahren zur Trennung von Stoffen kennengelernt: die **Papierchromatographie**.

Dieses Wort kommt von den beiden griechischen Wörtern *chroma*: Farbe und *graphein*: schreiben.

Das Wasser dient dabei als Fließmittel (Laufmittel): Auf seinem Weg durch das Filterpapier nimmt es die Farbstoffe unterschiedlich weit mit; dadurch entstehen die Farbringe. Das gesamte Farbbild wird **Chromatogramm** genannt.

Auf diese Weise kann man Farbstoffgemische aber nicht nur **zerlegen**; vielmehr kann man so auch Stoffe **erkennen und bestimmen**: Dabei vergleicht man das Chromatogramm des unbekannten Stoffes mit denen bekannter Stoffe.

Aufgaben

1 Woran könnte Kriminalkommissar Schröder erkennen, daß der Scheck über 2800 DM tatsächlich gefälscht wurde?

2 Unten siehst du sechs Bilder von Chromatogrammen. Welche davon gehören wohl zu Farben mit gleicher Zusammensetzung?

3 Mit Hilfe der Papierchromatographie kann man auch feststellen, ob eine Farbe aus einem einzigen Farbstoff oder aus einem Farbstoffgemisch besteht. Woran ist das zu erkennen?

4 Sind Farbstoffe nun reine Stoffe oder Stoffgemische? Erkläre!

5 Wie würdest du einen unbekannten Farbstoff mit Hilfe der Chromatographie bestimmen? Beschreibe kurz, wie du vorgehen könntest.

6 Überlege, ob man durch das Verfahren der Papierchromatographie *ganz sicher* nachweisen kann, ob ein Scheck gefälscht wurde.

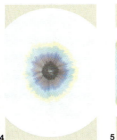 4
 5
 6
 7
 8
 9

Aus Umwelt und Technik: Chromatographie im Dienst der Kriminalpolizei

Es kommt gelegentlich vor, daß Pässe, Testamente oder Zeugnisse gefälscht werden. Nehmen wir einmal an, ein Erbe wird beschuldigt, in einem Testament handschriftlich etwas hinzugefügt zu haben. Es sieht so aus, als seien Schriftbild und Farbe der Tinte im gesamten Testament einheitlich. Also muß die Zusammensetzung der Tinte geprüft werden!

In der Kriminaltechnik arbeitet man jedoch nicht mit der Papierchromatographie. Man wendet aber ein ganz ähnliches Verfahren an, mit dem man noch genauere Ergebnisse bekommt: die **Dünnschicht-Chromatographie** (in der Technik DC genannt).

Bei diesem Verfahren verwendet man Glasplatten, die auf einer Seite mit einer dünnen Schicht überzogen sind; sie besteht aus einem saugfähigen Pulver. Die zu untersuchenden Proben werden längs einer Linie aufgetragen (Bild 10). Dann wird jede Platte senkrecht in ein Gefäß gestellt, in dem sich das Fließmittel befindet. Meist ist das Fließmittel nicht Wasser, sondern ein Gemisch verschiedener Chemikalien.

Die Trennung der Farbstoffe erfolgt ganz ähnlich wie bei der Papierchromatographie, die du ja schon kennst: Das Fließmittel steigt in der saugfähigen Schicht nach oben und nimmt die Farbstoffe unterschiedlich weit mit (Bilder 11–14).

In der Kriminaltechnik wird mit diesem Verfahren nicht nur die Echtheit von Dokumenten geprüft; man untersucht so auch die Körperflüssigkeit von Verunglückten auf Gifte, Betäubungsmittel oder Drogen. Dieser Bereich ist jedoch ein untergeordnetes Anwendungsgebiet der Dünnschicht-Chromatographie. Wichtiger ist ihr Einsatz bei medizinischen Untersuchungen und Forschungsaufgaben sowie zur Feststellung der Zusammensetzung von Lebensmitteln, Arzneimitteln und Körperpflegemitteln.

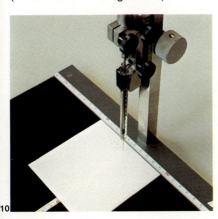 10
 11
 12
 13
 14

Stofftrennung und -wiederverwertung

1 Recycling: Stoffe werden wiederverwertet

○ Warum wird heute Altglas gesammelt?
○ Legt man beim Glas-Recycling Wert auf die **Körper** (z. B. Flaschen, Gläser) oder auf den **Stoff** (Glas), aus dem diese Körper bestehen?

○ Was könnte mit dem Autoschrott geschehen?
○ Wovon hängt es wohl ab, ob man einen unbrauchbaren Körper auf den Müll wirft oder ob man den Stoff, aus dem er besteht, wiedergewinnt?

Aus Umwelt und Technik: **Glas-Recycling**

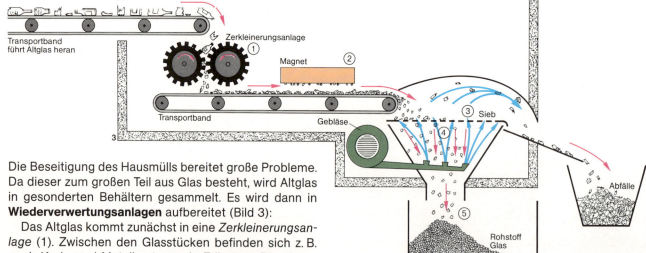

Die Beseitigung des Hausmülls bereitet große Probleme. Da dieser zum großen Teil aus Glas besteht, wird Altglas in gesonderten Behältern gesammelt. Es wird dann in **Wiederverwertungsanlagen** aufbereitet (Bild 3):

Das Altglas kommt zunächst in eine *Zerkleinerungsanlage* (1). Zwischen den Glasstücken befinden sich z. B. noch Kork- und Metallreste sowie Etiketten. Die eisenhaltigen Teile werden mit einem *Magneten* (2) aus dem Gemisch herausgezogen. Glas, Kork und Papier gelangen auf ein *Sieb* (3). Dort bläst ein *Luftstrom* (4) von unten her die leichteren Abfallteile hoch. Sie werden so vom Glas getrennt. Das Glas fällt gegen den Luftstrom nach unten in den *Rohstoffsammelbehälter* (5).

Dieses Glas wird zur Herstellung von neuem Gebrauchsglas mitverwendet. So enthält z. B. eine grüne Flasche bereits 9 von 10 Teilen Altglas. Auf diese Weise werden Energie und Rohstoffe gespart, die besser für technisch hochwertige Erzeugnisse genutzt werden können.

Aus Umwelt und Technik: **Vom Autowrack zum Rohstoff Eisenschrott**

Autowracks bestehen zum größten Teil aus Eisenteilen. Da Eisen ein wichtiger Rohstoff für die Industrie ist, gewinnt man es aus den Autos als Eisenschrott zurück.

Im sog. **Shredder** (Bild 4) wird die Autokarosserie in kleine Stücke zerrissen. Der Schrott läuft dann über eine Magnettrommel, wo die Eisenteile von den nichtmagnetischen Stoffen getrennt werden. Der Eisenschrott wird bereits vollständig wiederverwertet: Er wird bei der Herstellung von Stahl wieder eingeschmolzen.

1990 wurden in Deutschland zwei Millionen Autos verschrottet (nur Pkw und Kombiwagen). Nachdem Eisenschrott und Nichteisenmetalle abgetrennt worden waren, blieben 400 000 t nicht verwertbare Shredder-Rückstände (Gummi, Kunststoffe, Glas und Filz) übrig.

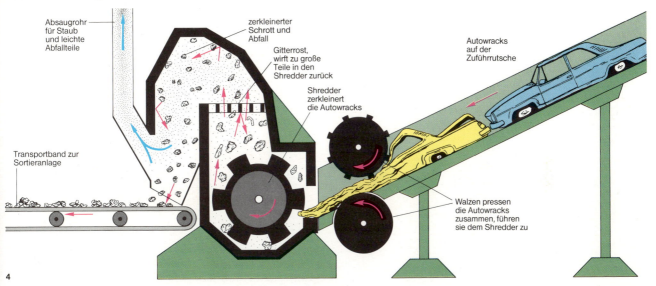

4

Aus Umwelt und Technik: **Kommt das Recycling-Auto?**

„Das erste Auto, das sich in Wohlgefallen auflöst." So warb ein Automobilhersteller für einen Neuwagen.

Es ist unübersehbar: Autowracks belasten unsere Umwelt ganz erheblich. Deshalb hat der Bundesumweltminister die Automobilindustrie aufgefordert, so schnell wie möglich Recycling-Verfahren für alte, ausgediente Autos zu entwickeln. Erste Erfolge sind bereits sichtbar – wenn das Auto hält, was die Werbung verspricht ...

Das *vollständig wiederverwertbare* Auto gibt es heute noch nicht. Es kann jedoch schon in wenigen Jahren Wirklichkeit werden. Schritt für Schritt geht die Entwicklung hin zum **Recycling-Auto**. Es soll schließlich einmal zu 100 % wiederverwertbar (*recycelbar*) sein.

Ein Mittelklassewagen ist durchschnittlich aus folgenden Bestandteilen aufgebaut: 73 % Metalle, 9 % Kunststoff, 4 % Gummi, 3 % Glas, 11 % andere Stoffe. Damit man ein Auto vollständig wiederverwerten kann, muß es drei Bedingungen erfüllen:

1. Alle Teile müssen aus wiederverwertbarem Material hergestellt sein. Vor allem die verwendeten Kunststoffe sollen ihrer Zusammensetzung entsprechend gekennzeichnet sein. Auf diese Weise lassen sie sich für das Recycling sauber sortieren und ergeben ein hochwertiges Altmaterial.

2. Die Einzelteile müssen schnell zu demontieren sein. Die Zerlegung eines Autowracks darf nicht zu lange dauern, denn „Zeit ist Geld".

3. Die Rohstoffe, die man aus den Altfahrzeugen gewinnt, müssen wieder in Neuwagen verwendet werden können.

Auf dem Weg zum Recycling-Auto ist man heute schon ein gutes Stück vorangekommen:

Die beim Verschrotten anfallenden Nichteisenmetalle (z. B. Kupfer, Aluminium) werden schon zu 90 % wiederverwertet. Ein kleiner Teil der Rückstände, die bisher auf dem Müll landen, werden bereits versuchsweise demontiert, sortiert und recycelt. Das betrifft vor allem Kunststoffe, Glas und Textilien. So gibt es z. B. schon Stoßstangen, Innenkotflügel und Batterieabdeckungen aus den verschiedensten Recyclingmaterialien.

Autos werden heute in modernen Fabrikhallen am laufenden Band unter Einsatz von Computern montiert. Genauso wird es in Zukunft komplette Demontagehallen und Recyclinganlagen geben.

Die großen Automobilhersteller, viele Zulieferbetriebe und Autoverwertungsfirmen wetteifern inzwischen miteinander, wem es wohl gelingt, das *erste* Recycling-Auto auf den Markt zu bringen.

Stofftrennung und -wiederverwertung

Aus Umwelt und Technik: **Müllsortierung, -kompostierung und -verbrennung**

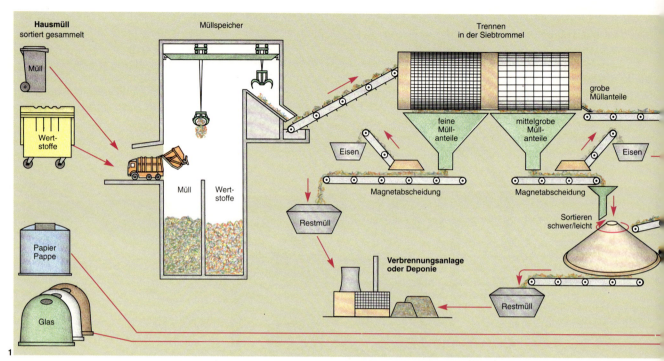

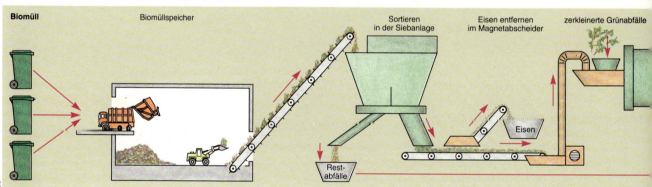

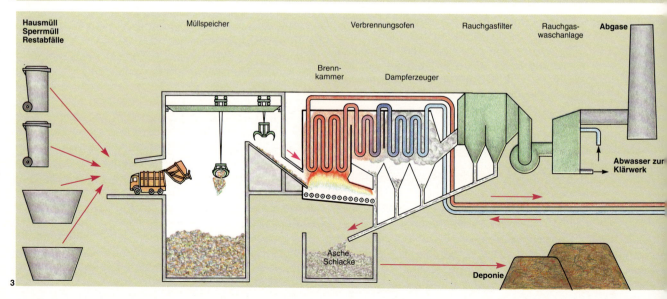

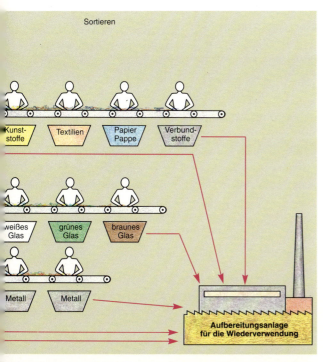

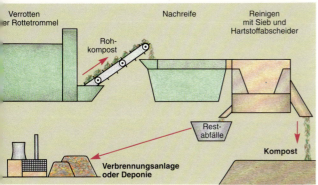

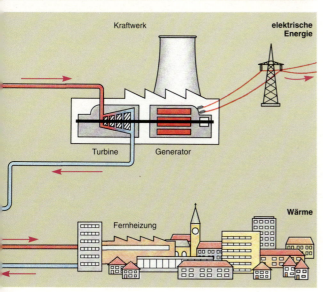

In Deutschland fallen jährlich etwa 30 Millionen Tonnen sog. Siedlungs- oder Hausmüll an. Davon werden etwa zwei Drittel auf Deponien gelagert.

Aber der Deponieraum wird immer knapper, und die Kosten für eine *sichere* Lagerung der Abfälle wachsen ständig. Deshalb schreibt das *Abfallgesetz* vor: „Verwerten statt wegwerfen!"

Das ist leichter gesagt als getan. Es muß nämlich ein neues Sammel- und Sortiersystem entwickelt werden. Inzwischen werden verschiedene Möglichkeiten erprobt.

In Deutschland enthält der Hausmüll etwa 18 % Papier, ca. 11 % Glas und 3 % Wertstoffe aus Metall. Diese Materialien sollen getrennt gesammelt werden – das gelingt auch schon teilweise. In **Sortieranlagen** (Bild 1) wird der *vorsortierte Müll* dann endgültig sortiert: Eisen und andere Metalle, Glas (nach Farben getrennt), Kunststoffe, Textilien, Pappe und Papier werden zur Weiterverarbeitung an die Industrie abgegeben.

○ In der Sortieranlage verwendet man einige Trennverfahren, wie wir sie auch im Unterricht kennengelernt haben. Suche sie heraus, und benenne sie.

Wenn ihr einen Garten habt, weißt du vielleicht, daß man Grünabfälle und ungekochte Küchenabfälle kompostieren kann. Das macht man in großem Maßstab auch in **Kompostieranlagen** (Bild 2). Dabei wird *getrennt gesammelter Biomüll* (z. B. Grünabfälle) in einem geschlossenen Behälter (der sog. *Rottetrommel*) in knapp zwei Tagen zu Kompost umgewandelt.

Die Müllverbrennung ist neben dem Recycling und der Kompostierung unentbehrlich. Nur wenn alle drei Verfahren genutzt werden, gelingt es, die Müllmengen auf etwa 15 % zu reduzieren.

In **Müllverbrennungsanlagen** (Bild 3) werden Hausmüll, Sperrmüll und Restabfälle aus den Sortier- und Kompostieranlagen verbrannt. Die entstehenden heißen Gase werden genutzt, um elektrische Energie und Wärme zu gewinnen („Thermische Wiederverwertung").

Die Idee, die hinter diesen drei Verfahren steckt, ist gut. Aber leider gelingt es bisher nur in geringem Umfang, die einzelnen Stoffe sauber aus dem Müll herauszuholen. Nur so ist es jedoch möglich, sie zu Produkten mit guter Qualität weiterzuverarbeiten.

Das *Altpapier* z. B. ist oft mit so vielen anderen Stoffen vermischt, daß es nur zu Papier mit schlechterer Qualität verarbeitet werden kann.

Auch die *Kunststoffreste* können kaum wiederverwertet werden; sie sind nämlich stark verschmutzt und bestehen aus so vielen Kunststoffsorten, daß man sie nicht zusammen verarbeiten kann.

Auch der *Kompost* kann so stark mit Schadstoffen belastet sein, daß man ihn nicht im Garten oder in der Landwirtschaft verwenden darf.

Wenn man die wirklich wertvollen Stoffe aus dem Müll zurückgewinnen will, müssen sie schon bei uns zu Hause getrennt gesammelt werden.

2 Müllvermeidung geht vor Müllverwertung

Nur wenn
wir alle weniger Müll erzeugen und wertvolle Stoffe aus dem Müll wiederverwertet werden,
können wir verhindern, daß
unsere Mülldeponien immer riesiger werden,
die Verseuchung des Grundwassers überhandnimmt
und die Verschmutzung der Luft immer bedrohlicher wird.

Diese Meinung vertreten heute viele Müllexperten.

○ Aber wie läßt sich Müll vermeiden?
○ Und wie ist die Wiederverwertung (Recycling) von Müll möglich?

Vergleiche hier einmal die Menge der Verpackung mit dem Produkt.

Dies sind einige Produkte, die aus Recyclingpapier hergestellt wurden.

Aus Umwelt und Technik: Gesetzliche Regelungen und ihre Auswirkungen

Wichtige gesetzliche Regelungen und Verordnungen

Ab 1.4.92: Jeder Käufer kann unnötige Verpackungen (sog. *Umverpackungen*) im Geschäft zurücklassen. Diese müssen der Wiederverwertung zugeführt werden.

Ab 1.1.93: Alle Einwegverpackungen (Dosen, Pappkartons für Waschmittel, Plastikflaschen) müssen von den Geschäften zurückgenommen und zur Wiederverwertung geleitet werden (→ „Der Grüne Punkt", rechts).
Diese Regelung gilt so lange, bis das „Duale System" eingeführt ist.

Ab 1.1.93: Ein *Pflichtpfand* wird eingeführt für Getränke-Einwegverpackungen sowie für Verpackungen von Reinigungsmitteln, Waschmitteln und Farben.

Ab Frühjahr 1993: In allen Bundesländern Deutschlands werden Verkaufsverpackungen getrennt (z. B. nach Papier und Kunststoff) gesammelt und sortiert.

Bis 1995 sollen mindestens 80 Prozent aller auf den Markt kommenden Verkaufsverpackungen gesammelt werden. Davon sollen dann wiederum 80 Prozent sortiert und wiederverwertet werden.

Was einige Gemeinden gegen die „Müllberge" tun

Die Gemeinden sind verpflichtet, die Gesetze und Verordnungen der Bundesregierung zu befolgen. Deshalb wurden verschiedene Versuche unternommen, Müll zu vermeiden und gebrauchte Verpackungen einzusammeln. Hier einige Beispiele:

○ Der Müll wird in verschiedenen Tonnen gesammelt (→ „Duales System" und Bild 3). Der Inhalt kann dann entweder wiederverwertet, kompostiert und verbrannt oder zur Deponie gebracht werden.

○ Die Kosten für die Müllabfuhr werden nicht nur nach dem Volumen der Mülltonne, sondern auch nach dem Gewicht berechnet: Die Mülltonnen werden beim Einfüllen in den Müllwagen automatisch gewogen, das Ergebnis wird gespeichert, und am Jahresende erhält jede Familie eine entsprechende Abrechnung.

○ Familien, die ihre Mülltonne nur alle 14 Tage leeren lassen wollen, erhalten eine Tonne mit rotem Deckel. Die Kosten für die Müllabfuhr sind dann geringer.

Was tut die Gemeinde bei euch?

„Duales System" und „Der Grüne Punkt"

Bestimmt sind dir die beiden Begriffe aus der Überschrift auch schon begegnet. Weißt du aber auch, was sie bedeuten.

Beim *Dualen System* (von lat. *duo*: zwei) werden die Abfälle sozusagen „zweigleisig" entsorgt:
1. Die *öffentliche Müllabfuhr* der Gemeinde oder der Stadt entsorgt den Hausmüll, Schadstoffe, Bio-Abfälle, aber auch das Altpapier. Dafür zahlt der Bürger Gebühren.
2. Durch *private Entsorgungsunternehmen* werden Verkaufsverpackungen und Glas entsorgt. Die Verpackungen können aus Metallen, Kunststoffen oder sog. Verbundstoffen (z. B. Milchkartons) bestehen.

Für diese Verpackungen gibt es die (meist gelben) Wertstoff-Tonnen, für Altglas die Container.

Für die Entsorgung der Wertstoff-Tonnen zahlen *Herstellerfirmen*, die auf ihre Produkte das Zeichen „Der Grüne Punkt" kleben: Die Firmen „kaufen" das Recht, dieses Zeichen benutzen zu dürfen. Sie garantieren damit, daß die Verpackungen wieder abgeholt und verwertet werden. Dafür berechnen sie den Kunden etwa 10 Pfennig pro Verpackung mehr.

Aufgaben

1 In wie vielen Tonnen kann man bei euch Müll vorsortieren? Schreibe auf, was in jede Tonne hineingehört.

2 Der Inhalt einer Mülltonne (120 l) wiegt durchschnittlich etwa 20 kg. Wenn nicht getrennt gesammelt wird, entfallen davon auf Papier 2 kg, Verpackungen 7 kg, organische Abfälle 6 kg und andere Abfälle 5 kg.

a) Welche Abfälle könntest du durch dein Verhalten verringern? Welche lassen sich gut wiederverwerten?

b) Organische Abfälle lassen sich auch im eigenen Garten verwerten. Besorgt euch Material (z. B. vom Umweltamt) darüber, wie man einen Komposthaufen anlegt.

c) Stellt in der Klasse auf einem Plakat zusammen, wie man Abfall vermeiden kann. Überschrift: *Das können wir selbst tun.*

3 Wie würdest du die Abfälle von Bild 4 entsorgen?

4 Viele Leute sehen in dem Zeichen „Der Grüne Punkt" nicht nur Vorteile. Sie sagen z. B.:
„Der Grüne Punkt verhindert den Gebrauch von Pfandflaschen." – „Der Grüne Punkt trägt nicht dazu bei, daß *wir selbst* Abfälle vermeiden." – „Es ist viel zu schwierig, die unterschiedlichen Verpackungen zu trennen." – „Kunststoffe lassen sich sowieso nur zum Teil verwerten." – „Das Recycling von Stoffen ist teurer als die Neuherstellung."

a) Was meinst du zu den einzelnen Aussagen?

b) Welche Vorteile hat „Der Grüne Punkt" deiner Meinung nach?

c) Versuche herauszufinden, was mit dem Abfall aus den gelben Tonnen bei euch gemacht wird.

d) Erkundige dich, wieviel Altglas bei der Herstellung von Flaschen verwendet wird und wie es dabei mit den Kosten steht.

e) Für jede Verpackung mit dem Grünen Punkt zahlen wir etwa 10 Pf. Wie viele davon fallen bei euch zu Hause in einer Woche an? Wieviel zahlt ihr dafür (pro Woche, pro Jahr)?

5 Bild 5 zeigt die angestrebte sog. *Kreislaufwirtschaft.* Beschreibe sie.

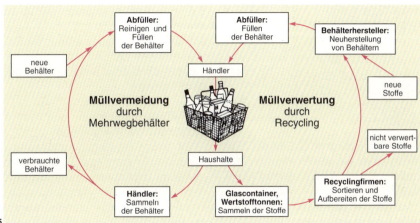

Stoffe verändern ihre Eigenschaften

Chemische Reaktionen im Alltag

V 1 Besorge dir drei lange Eisennägel; sie sollen möglichst sauber und blank sein.

Lege zwei davon (wie in Bild 2) in ein offenes Schälchen mit Wasser.

Den dritten legst du in ein Einmachglas oder in ein größeres Marmeladenglas. Füge einen angefeuchteten Wattebausch hinzu (Bild 3). Dann verschließt du das Glas mit dem Deckel.

Laß das zugedeckte Einmachglas und die offene Schale etwa eine Woche lang stehen.

Beobachte die Nägel täglich, und vergleiche sie.

V 2 Erhitze langsam 2 Eßlöffel Zucker in einer kleinen Pfanne, bis der Zucker hellbraun ist. (Laß die Pfanne dann abkühlen.)

Vergleiche den hellbraunen Zucker mit nicht erhitztem.

V 3 Vermische in einer Tasse einen Eßlöffel Mehl und einen halben Teelöffel Zucker. Gib dann eßlöffelweise lauwarme Milch hinzu. Verrühre alles zu einem dicken Brei.

Stelle diesen Brei für etwa 15 Minuten auf die Heizung. Was kannst du beobachten?

V 4 Bereite dir nun einen starken schwarzen Tee, und gieße nach und nach den Saft einer Zitrone hinein. Rühre zwischendurch gut um. Was beobachtest du?

V 5 Bei diesem Versuch darfst du einmal klecksen: Tropfe etwas Tinte auf einen alten Lappen oder ein Papiertaschentuch. Laß dann ein paar Tropfen Zitronensaft auf den Tintenklecks fallen.

V 6 Zitronensaft kann auch andere Veränderungen hervorrufen.

Gib einige Tropfen Zitronensaft zu folgenden Proben: etwas Backpulver (auf einer Untertasse), ein wenig Kalk (evtl. vorsichtig vom Wasserhahn abkratzen), ein halbes Glas Mineralwasser. Beschreibe, was du beobachtest.

V 7 Ein Streifen Kupferblech, ein kleines Bündel Eisenwolle und ein Stückchen Magnesiumband werden nacheinander in die Brennerflamme gehalten.

Beschreibe, was mit den drei Metallen geschieht.

V 8 In einem Reagenzglas werden Holzstückchen erhitzt (Bild 4).

a) Beschreibe, was du an den bezeichneten Stellen beobachtest.

b) Was geschieht, wenn nach kurzer Zeit eine Streichholzflamme an die Öffnung des kleinen Glasröhrchens gehalten wird?

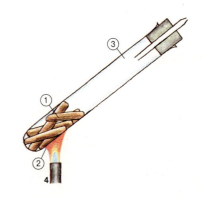

Rezept für Karamelbonbons

Für *harte* Bonbons brauchst du:

125 g Zucker,
1 Becher Sahne (200 g),
1 Päckchen Vanillinzucker,
20 g Margarine,
1 Teelöffel Honig.

Für *weiche* Bonbons nimmst du zusätzlich 20 g gesiebten Puderzucker.

Zucker und Sahne kochst du langsam unter ständigem Rühren, bis die Masse dickflüssig ist (nach etwa 10 Minuten). Dann gibst du Vanillinzucker, Margarine und Honig zu und kochst weiter, bis sich die Masse beim Rühren vom Boden löst (wieder nach ca. 10 Minuten). Falls gewünscht, rührst du jetzt den Puderzucker unter.

Die Masse wird nun schnell auf Backpapier (ein gefettetes Backblech oder eine mit Öl bestrichene Aluminiumfolie) geschüttet und darauf verteilt.

Sobald die Masse anfängt fest zu werden, schneidest du sie in bonbongroße Stücke. Dann läßt du sie ganz abkühlen. Guten Appetit!

Rezept für blaue Tinte

Löse in einem Becherglas mit 100 ml destilliertem Wasser folgende Stoffe:

2,4 g Gerbsäure (Tannin),
0,8 g Gallussäure (kristallisiert),
3 g Eisen(II)-sulfat,
1 g Gummi arabicum,
0,2 g Salicylsäure.

Füge noch 2 ml Salzsäure (20 %ig) hinzu.

Rühre alles mit einem Glasstab gut um, und decke das Becherglas mit einem Filterpapier ab. Laß die Lösung anschließend einige Tage lang stehen.

Du erhältst nach dieser Zeit eine blauschwarze Tinte, *Eisengallustinte* genannt, mit der du sogar schreiben kannst.

Du kannst diese Tinte auch aus natürlichen Stoffen herstellen: Sammle dazu gelegentlich *Galläpfel* von befallenen Eichenblättern. Zerschneide sie, und lege sie zusammen mit einigen Eisennägeln in etwas Wasser. Die Flüssigkeit färbt sich allmählich.

Aus Umwelt und Technik: Das Tiefätzen von Metallen

Um ein Türschild wie das in Bild 5 herzustellen, werden Teile aus der Oberfläche des Metalls herausgeätzt. Das geschieht durch ein chemisches Verfahren, das *Tiefätzen*.

Zunächst wird die gesamte Oberfläche des Metallstücks mit Asphaltlack bestrichen oder besprüht. Nach dem Trocknen wird die Schrift mit einem Stahlstift in den Lack eingekratzt, so daß wieder das blanke Metall erscheint. Beim anschließenden Ätzen trägt das Ätzmittel (eine Säure) das Metall nur an den blanken Stellen ab. Die mit Asphaltlack bedeckten Flächen werden nicht angegriffen.

5

Nach diesem Verfahren werden in der Industrie nicht nur Schilder beschriftet, sondern auch besonders geformte Metallteile hergestellt.

Bastelanleitung: Ein Namensschild aus Metall

Du brauchst:

1 kleines Stück Aluminiumblech (Dicke: 0,5 mm);
1 starke Schere (Blechschere) zum Zuschneiden des Bleches;
Kerzenwachs;
1 Porzellanschale zum Erhitzen des Kerzenwachses;
1 Flachpinsel;
1 Glasschale für die Ätzflüssigkeit;
Ätzflüssigkeit (20%ige Salzsäure, vom Lehrer hergestellt);
Gefäß mit heißem Wasser;
Schutzbrille und **säurefeste Unterlage** nicht vergessen!

So wird's gemacht:

Zunächst schneidest du dir das Schild in der gewünschten Größe zu. Dann bestreichst du es auf beiden Seiten sorgfältig mit flüssigem Wachs oder tauchst es darin ein. Die Wachsschicht sollte das Blech überall gut abdecken.

Wenn du nur ein Muster wie in Bild 6 auftropfen willst, darfst du nur mit 7 %iger Salzsäure arbeiten.

Mit dem Pinselstiel (oder einem Kunststoffspatel) ritzt du nun deinen Namen in die Wachsschicht ein. Achte darauf, daß der Schriftzug die Wachsschicht ganz durchdringt und das Metall an diesen Stellen völlig frei von Wachs wird.

Nun schüttest du die Ätzflüssigkeit in die Glasschale und legst das vorbereitete Aluminiumblech für ca. 20 Minuten hinein (Bild 7). Die Salzsäure reagiert jetzt mit dem Aluminium; das Metall wird geätzt.

Anschließend legst du das Schild in heißes Wasser, damit sich das Wachs wieder ablöst.

Nach diesem Verfahren kannst du dir auch größere Aluminiumplatten mit beliebigen Mustern ätzen.

6

7

Chemische Reaktionen

1 Wir stellen neue Stoffe her

Was hier zu sehen ist, kennst du schon. Du weißt auch, woran man ein Gemisch erkennt.

Ob man hier auch noch von einem Gemisch sprechen könnte?

(Keramikdrahtnetz als Unterlage!)

V 1 Nimm eine Porzellanschale, und vermische darin einen Spatel Eisenpulver und zwei Spatel Schwefelpulver sorgfältig miteinander.

a) Entzünde einen Teil des Gemisches wie in Bild 3 mit weißglühender Stricknadel. (Schutzbrille!)

b) Betrachte den Rest des Gemisches und den durchgeglühten Stoff auf dem Drahtnetz mit einer Lupe. Vergleiche das Aussehen der beiden Stoffe miteinander.

V 2 Versuche, nach dem Erhitzen des Gemisches die Ausgangsstoffe zurückzugewinnen:

a) Probiere es mit dem Magneten.

b) Schütte den erkalteten Stoff vom Keramikdrahtnetz in ein Becherglas, das zur Hälfte mit Wasser gefüllt ist.

c) Beantworte die Frage, die neben Bild 5 steht.

d) Wie würdest du den durchgeglühten Stoff nennen?

V 3 Prüfe, ob auch die Stoffe Kupfer und Schwefel miteinander reagieren: Erhitze einen Spatel Schwefel im Reagenzglas, bis der Schwefel zu verdampfen beginnt. Dann führst du einen Streifen Kupferblech in den Schwefel ein (Bild 6).

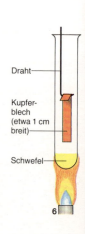

2 Chemische Reaktionen und Energie

Eine chemische Reaktion wie viele andere.
Welche Rolle spielt dabei die Energie, die durch den Brenner zugeführt wird?

V 4 In diesem *Lehrerversuch* werden zunächst 2 g Zinkpulver [F] und 1 g Schwefelpulver miteinander vermischt. Anschließend wird ein Spatellöffel des Gemisches auf einem Eisenblech erhitzt (Abzug!).

V 5 Versuche, einen abgebrochenen Streichholzkopf auf verschiedene Weise zu entzünden. Gelingt es dir auch, ohne ihn zu reiben?

V 6 Ein Becherglas ist halb voll Wasser. Ein Thermometer gibt die Wassertemperatur an. In dem Glas steht ein schwer schmelzbares Reagenzglas mit einem Gemisch aus Eisenpulver und Schwefelpulver (7:4).
Wir zünden dieses Gemisch mit einer glühenden Stricknadel, so daß es zu reagieren beginnt (Bild 5).

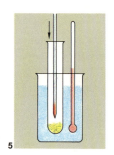 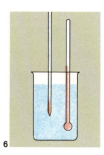

a) Reagiert das Gemisch auch dann noch, wenn die glühende Stricknadel weggenommen wird? Notiere deine Beobachtungen in der richtigen Reihenfolge.

b) Wieviel Wärme wird bei der Reaktion frei? Mach dir davon eine Vorstellung, indem du die Wassertemperaturen vor und nach der Reaktion vergleichst.

c) Wie groß ist die Temperaturänderung des Wassers, die durch die glühende Stricknadel allein bewirkt wird (Bild 6)? Suche nach einer Erklärung für den Unterschied.

V 7 Halte ein Stück Würfelzucker mit einer Pinzette fest, und versuche, es anzuzünden.
Tauche das Zuckerstück in Zigarrenasche, so daß etwas Asche am Zucker haften bleibt. Halte es erneut in die Flamme. Was stellst du fest?

V 8 Lege 2–3 Emser Pastillen zusammen mit etwas Zigarrenasche in eine Porzellanschale. Gib etwa 5 ml Brennspiritus [F] dazu, und entzünde das so angefeuchtete Gemisch.
Wiederhole den Versuch ohne die Zigarrenasche.

So kannst du ein Versuchsprotokoll anlegen (Beispiel: *V 3* von Seite 50)

(Halte dich beim Experimentieren genau an die Anweisungen, die im Buch oder im Unterricht gegeben werden. Achte insbesondere auf die Mengenangaben und auf alle Warnhinweise. In *deiner* Versuchsbeschreibung kann sich die Formulierung auf das Wesentliche beschränken.)

Frage: Reagiert auch ein anderes Metall als Eisen, z. B. Kupfer, mit Schwefel?

Versuch: Wir geben zunächst einen Spatel Schwefel in ein Reagenzglas und erhitzen.
Wenn der Schwefel zu verdampfen beginnt, halten wir einen Streifen Kupferblech in das Reagenzglas.

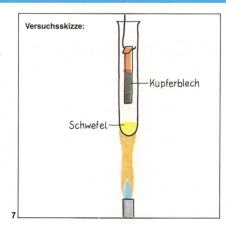

Beobachtung: Ein heller Glutstreifen wandert von unten nach oben durch das Kupferblech.
Nach dem Abkühlen ist der Streifen im Reagenzglas bläulich-grau und spröde.

Ergebnis: Kupfer reagiert mit Schwefel. Bei der Reaktion entsteht ein bläulich-grauer, spröder Stoff, und es wird viel Wärme frei.

Kupfer reagiert mit Schwefel zu Kupfersulfid.

Reaktionsschema:
Kupfer + Schwefel → Kupfersulfid
(+ Wärme)

Keine chemische Reaktion ohne Energie!

Ein Gemisch aus Zinkpulver und Schwefelpulver kann bei Zimmertemperatur lange aufbewahrt werden, ohne daß es sich merklich verändert. Erst wenn man das Gemisch erhitzt, setzt eine chemische Reaktion ein.

Eine Kerze brennt nicht von selbst; man muß sie anzünden. Dann allerdings brennt sie – und liefert dabei mehr Wärme, als vorher zum Anzünden nötig war.

Streichhölzer könnten jahrelang in ihrer Schachtel liegen. Sie entzünden sich erst, wenn man sie reibt oder erhitzt, ihnen also Energie zuführt.

Diese Beispiele zeigen folgendes: Es muß erst **Energie** (meistens in Form von Wärme) zugeführt werden, damit eine Reaktion in Gang kommt. Diese Energie bezeichnet man als **Aktivierungsenergie** (lat. *activus:* tätig). Die jeweiligen Reaktionspartner werden durch die Aktivierungsenergie „aktiviert"; das heißt, sie werden in einen reaktionsbereiten Zustand versetzt.

Ein Vergleich kann dir helfen, diesen Zusammenhang besser zu verstehen: Ein Auto muß erst auf einen Berg hinaufgeschoben werden, damit es anschließend ohne Motorkraft hinunterrollen (und sogar noch weiterrollen) kann (Bild 8).

Genauso müssen auch die Ausgangsstoffe sozusagen einen „Energieberg" überwinden, um in das Reaktionsprodukt übergehen zu können. Je höher dieser ist, desto langsamer kommt die Reaktion in Gang.

Wenn ein Gemisch aus Zink- und Schwefelpulver erst einmal entzündet ist, läuft die Reaktion ab; und zwar ohne daß weitere Energie zugeführt werden muß.

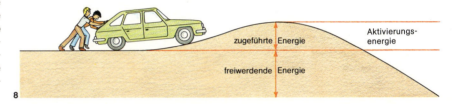

Während dieser Reaktion wird sogar noch Energie (Wärme) an die Umgebung abgegeben – auf diese Weise wird also *mehr* Energie frei, als zum Einleiten der Reaktion eingesetzt worden war.

Die bei einer Reaktion freiwerdende Energie kann auch im Reaktionsschema berücksichtigt werden. Man schreibt dann z. B.:
Zink + Schwefel → Zinksulfid (+ Wärme).
(Lies: „Zink und Schwefel reagieren zu Zinksulfid; dabei wird Wärme frei.")

Es gibt übrigens auch Reaktionen, bei denen keine Energie frei wird, sondern ständig weiter zugeführt werden muß.

Was ein Katalysator bewirkt

Noch vor kurzem war das Wort Katalysator in der Umgangssprache fast unbekannt. Heute aber weiß fast schon jeder, daß ein Katalysator im Auto hilft, den Schadstoffausstoß zu verringern.

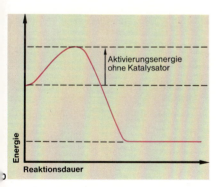

Doch was bewirkt ein Katalysator, von dem oft auch in der Chemie die Rede ist?

Wenn man ein Stück Würfelzucker anzünden will, merkt man, daß der Zucker zwar schmilzt aber nicht anbrennt. Erst wenn man den Zucker vorher in Zigarrenasche taucht, läßt er sich entzünden.

Die Zigarrenasche selbst brennt natürlich nicht; sie setzt aber die für die Reaktion erforderliche Aktivierungsenergie herab und ermöglicht so das Verbrennen des Zuckerstückes (Bild 9).

Solche Stoffe, die eine chemische Reaktion beeinflussen und dabei nicht selbst verändert werden, heißen *Katalysatoren*.

In den Bildern 10 u. 11 ist die Wirkung eines Katalysators graphisch dargestellt.

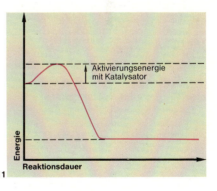

Aus Umwelt und Technik: Biokatalysatoren steuern Lebensvorgänge

Hast du schon einmal etwas länger auf einem Stück Brot herumgekaut? Dann wirst du sicher bemerkt haben, daß es allmählich süß schmeckt.

Hier ist ein **Katalysator** am Werk, der die im Brot enthaltene Stärke in Zucker umwandelt. Er heißt *Ptyalin* und ist in winzigen Mengen im Speichel vorhanden. Solche Katalysatoren, die in lebenden Organismen wirksam werden, bezeichnet man als *Biokatalysatoren* oder *Enzyme*.

Im Magen wird durch ein bestimmtes Enzym der Abbau von Eiweiß eingeleitet, das wir mit unserer Nahrung aufnehmen.

Im Dünndarm sorgt ein anderes Enzym für die Verdauung der Fette. Ein drittes sorgt für den weiteren Abbau der Eiweißstoffe.

Das sind aber nur wenige Beispiele für das Wirken von Enzymen. In jeder Zelle unseres Körpers sind etwa 1000 Enzyme wirksam! Sie steuern Stoffwechselvorgänge und sorgen dafür, daß die vielen komplizierten Reaktionen schon bei Körpertemperatur störungsfrei ablaufen. Dabei kann jedes Enzym nur eine einzige chemische Reaktion steuern.

Chemische Reaktionen

3 Zeichen und Symbole

Rätselhafte Kreidezeichen aus dem Gauner-Alphabet

Die geheimnisvollen Kreidezeichen auf der hell-dunkel zerfurchten Putzwand wirken photographisch sehr reizvoll. Aber was bedeutet diese Inschrift?

Vermutlich ist es eine Mitteilung, wie sie schon seit Jahrhunderten unter Bettlern, Gaunern und anderen herumziehenden Leuten üblich ist: Es sind wahrscheinlich Informationen für andere und Gedächtnisstützen für den Schreiber selbst, falls er noch einmal in die Gegend kommen sollte.

Die folgende Inschrift hat wahrscheinlich nur den Sinn zu beschreiben, ob von den Bewohnern des Hauses etwas zu holen ist oder nicht.

Ferner enthält sie wohl Angaben über den Schreiber selbst.

1

Symbole in der Chemie – eine erste Information

Du weißt natürlich, daß auch in der Chemie Symbole verwendet werden. Du kennst z. B. die wichtigen Gefahrensymbole, die auf Behältern mit Chemikalien angebracht sind.

Es gibt aber auch noch ganz andere Symbole in der Chemie: Und diese sind nicht weniger wichtig. Man nennt sie ausdrücklich **chemische Symbole**. Sie stellen die *abgekürzte Schreibweise* bestimmter Stoffe dar.

Die chemischen Symbole wurden im Jahre 1814 von dem schwedischen Chemiker *Jöns Jakob Berzelius* vorgeschlagen. Er ging dabei von den lateinischen oder griechischen Namen der betreffenden Stoffe aus. Diese Sprachen waren ja damals den Gelehrten in vielen Ländern geläufig. Für die Symbole benutzte Berzelius ausschließlich Buchstaben.

Einige der von ihm vorgeschlagenen Symbole siehst du hier:

Gold (**Au**rum)	Au
Silber (**Ar**gentum)	Ag
Quecksilber (**H**yd**r**argyrum)	Hg
Kupfer (**Cu**prum)	Cu
Eisen (**Fe**rrum)	Fe
Zinn (**S**ta**n**num)	Sn
Blei (**P**lum**b**um)	Pb
Cobalt (**Co**baltum)	Co
Kohlenstoff (**C**arboneum)	C
Schwefel (**S**ulfur)	S
Sauerstoff (**O**xygenium)	O
Wasserstoff (**H**ydrogenium)	H
Stickstoff (**N**itrogenium)	N
Phosphor (**P**hosphoros)	P
Calcium	Ca
Helium	He
Ma**g**nesium	Mg

Noch heute werden solche chemischen Symbole von Chemikern auf der ganzen Welt benutzt. Sie sind international gültig (Bild 2).

Wenn zwei oder noch mehr Stoffe miteinander reagieren, entstehen Verbindungen – das weißt du bereits. Will man auch diese abgekürzt schreiben, reichen natürlich einzelne Symbole nicht mehr aus. Was kann man in diesen Fällen tun?

Man fügt einfach die Symbole der Stoffe zusammen, aus denen die betreffende Verbindung entstanden ist. Solche „zusammengesetzten" Symbole nennt der Chemiker *Formel*. Dazu ein Beispiel:

Die Verbindung *Eisensulfid* hat die Formel FeS. Du erkennst darin die Symbole Fe und S. Demnach ist diese Verbindung aus den Stoffen Eisen (Fe) und Schwefel (S) entstanden.

Aufgaben

1 Bestimmt kennst du Zeichen und Symbole aus anderen Bereichen, z. B. Symbole vom Sport und aus dem Verkehr.

Zeichne einige dieser Symbole auf. Schreibe darunter, was sie bedeuten.

2 Es ist schon angenehm, daß uns chemische Symbole die Schreibarbeit erleichtern können.

Doch das ist nicht der einzige Vorteil der Symbolschreibweise. Nenne einen weiteren! Bild 2 gibt dir einen Hinweis darauf.

2

3 Welche Stoffe werden durch die Symbole Zn, Fe, Au, O, N und Ag abgekürzt?

4 Wie heißen die drei chemischen Verbindungen, die durch die Formeln FeS, CuS und PbS abgekürzt werden?

Alles klar?

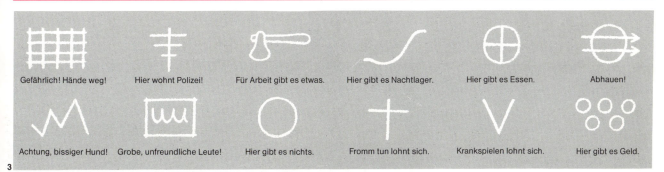

3

1 Was ist ein Gemisch, und was ist eine Verbindung? Suche zu beiden Begriffen je ein Beispiel.

2 Statt des Wortes *Reaktionsschema* verwendet man oft auch den Begriff *Wortgleichung*.
Welche falsche Vorstellung kann der Begriff *Wortgleichung* hervorrufen?

3 Warum muß man in ein Gemisch aus Eisen und Schwefel erst eine glühende Stricknadel halten, damit die beiden Stoffe miteinander reagieren?

4 Erkläre, weshalb eine angezündete Kerze von selbst weiterbrennt.

5 Was hat ein Katalysator mit der Aktivierungsenergie zu tun?

6 Ein Berliner Lehrer besucht im Urlaub einen türkischen Kollegen in Istanbul. Gemeinsam statten sie der türkischen Schule einen Besuch ab.
Nach einem Blick in den Chemikalienschrank stellt der Berliner fest: „Hier stehen die gleichen Chemikalien wie an deutschen Schulen."

Er hat recht, obwohl er kein Türkisch versteht. Hast du eine Erklärung dafür?

7 Warum kann man chemische Verbindungen nicht mit einzelnen chemischen Symbolen abkürzen?

8 Was kannst du aus dem folgenden Reaktionsschema ablesen?
Silber + Schwefel → Silbersulfid

9 Willst du die Gaunerzinken von Bild 1 der vorherigen Doppelseite „lesen"? Versuche es doch! Bild 3 hilft dir dabei.

4 Zusammenfassung

Neue Stoffe durch chemische Reaktionen

Wenn z. B. Eisen mit Schwefel reagiert, entsteht als *Reaktionsprodukt* Eisensulfid.

Das entstandene Eisensulfid ist weder mit Eisen noch mit Schwefel vergleichbar. Es hat nämlich ganz andere Eigenschaften als diese beiden *Ausgangsstoffe*.

Somit ist bei dieser **chemischen Reaktion** ein neuer Stoff entstanden. Er hat andere Eigenschaften als die Ausgangsstoffe.

4
Wenn Metalle (z. B. Eisen) mit anderen Stoffen reagieren, entstehen

Verbindungen. Ist der Reaktionspartner Schwefel, so nennt man diese Verbindungen *Sulfide*.

Man sagt dann folgendermaßen: „Eisen und Schwefel reagieren zu Eisensulfid." Und man schreibt:
Eisen + Schwefel → Eisensulfid.

Weitere Beispiele hierfür sind:
Blei   + Schwefel → Bleisulfid
Zink   + Schwefel → Zinksulfid
Metall + Schwefel → Metallsulfid

Alle Vorgänge, bei denen neue Stoffe entstehen, sind chemische Reaktionen.
Die entstehenden Stoffe haben andere Eigenschaften als ihre Ausgangsstoffe.

Chemische Reaktionen und Energie

Bei chemischen Reaktionen entstehen nicht nur neue Stoffe. Es wird jeweils auch **Energie** abgegeben oder aufgenommen (meist in Form von Wärme).

Um eine chemische Reaktion in Gang zu bringen, ist die Zufuhr von **Aktivierungsenergie** erforderlich. Sie macht die an der Reaktion beteiligten Stoffe reaktionsbereit.

Woraus besteht die Luft?

1 Das Feuer bringt es an den Tag

Petroleumlampe

Schön sehen die kunstvollen Messingbeschläge mit den Löchern aus! Ob sie nur Zierde sind?

Grill mit Blasebalg

Das Grillfeuer will einfach nicht richtig brennen. Der Junge weiß sich aber zu helfen.

Stövchen mit Teekanne

Die Flamme soll den Tee warmhalten. Geht nicht durch die Löcher im Stövchen die Wärme verloren?

Aus der Geschichte: Scheele und sein Aufsatz von der Luft und dem Feuer

In den Jahren 1742–1786 lebte in Schweden der Apotheker *Carl Wilhelm Scheele*. In seiner Freizeit führte er gern chemische Versuche durch. Vor allem beschäftigte er sich damit, Stoffe in ihre Bestandteile zu zerlegen, deren Eigenschaften zu entdecken und sie auf verschiedene Art wieder „zusammenzusetzen".

Damals begannen viele Forscher in Europa, sich für den Stoff „Luft" zu interessieren. Auch Scheele hatte es sich zur Aufgabe gemacht, die Luft genauer zu untersuchen. Darüber schreibt er:

„Die Untersuchung der Luft ist in unserer Zeit ein wichtiger Gegenstand der Chemie. Die Luft hat so viele besondere Eigenschaften, daß sie demjenigen, der mit ihr Versuche anstellt, genug neue Entdeckungen bietet. Auch das wunderbare Feuer zeigt uns, daß es nicht ohne Luft erzeugt werden kann.

Ich sah die Notwendigkeit ein, das Feuer zu kennen, weil ohne dieses kein Versuch anzustellen ist. Ich machte eine Menge von Versuchen, um diese Erscheinung so genau wie möglich zu ergründen. Ich merkte aber bald, daß man ohne die Kenntnis der Luft kein wahres Urteil über das Feuer fällen könnte.

Ich lernte also, daß ein Aufsatz vom Feuer, ohne die Luft mit in die Überlegungen einzubeziehen, nicht mit der nötigen Gründlichkeit geschrieben werden kann ..."

Fragen und Aufgaben zum Text

1 Was wollte Scheele untersuchen?

2 Warum sah er eine Notwendigkeit, „das Feuer zu kennen"?

3 Was stellte Scheele fest, als er das Feuer näher untersuchen wollte?

4 Sieh dir die Bilder 1–3 genau an. Hier brennt jeweils ein Feuer. Alle drei Vorgänge haben etwas gemeinsam. Du findest es auch in Scheeles Aufsatz wieder.

5 Berichte über eigene Beobachtungen oder Versuche, die zeigen, daß Feuer und Luft etwas miteinander zu tun haben.

V 1 Stelle eine kleine Kerze (oder ein Teelicht) auf eine glatte Unterlage, und entzünde die Kerze. Stülpe ein Glas darüber (Bild 4).

Beschreibe genau und in der richtigen Reihenfolge, was geschieht.

V 2 Über eine brennende Kerze soll ein ca. 20 cm hohes Glasrohr gestülpt werden. Beobachte jeweils zwei Minuten lang, was bei den Versuchsanordnungen geschieht (Bilder 5–7):

a) Zuerst steht das Glasrohr direkt auf dem Tisch (Bild 5).

b) Dann liegen zwei Holzklötzchen unter dem Rohr (Bild 6).

c) Schließlich wird das Rohr oben durch eine Glasscheibe dicht abgeschlossen (Bild 7).

d) Was hat das Versuchsergebnis mit den Bildern 1–3 zu tun?

V 3 Eine Glasglocke steht auf drei Klötzchen und ist unten offen. Auf dem schwimmenden Blechdeckel brennt ein Wattebausch (Bild 8).

Überlege, was bei diesem Versuch geschehen wird.

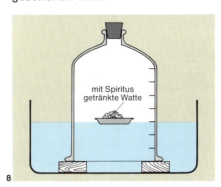

V 4 Die Kerze unter dem Becherglas ist mit etwas Wachs auf einer Glasplatte befestigt. Wenn die Flamme erloschen ist, wird das Becherglas zusammen mit der Glasplatte umgedreht. Dann wird diese etwas angehoben und eine brennende Kerze in das Glas eingeführt (Bild 9). Versuche, das Ergebnis zu erklären.

Aufgaben

1 Um Feuer richtig in Gang zu bringen, bläst man Luft hinein. Warum?

2 Nenne Eigenschaften der Luft.

3 Alte Kohleöfen hatten an der unteren Klappe einen *Schieberegler* (bei modernen Öfen meist nicht sichtbar). Damit lassen sich Luftlöcher öffnen und schließen. Warum ist er wichtig?

4 Wie ist wohl der Stickstoff zu seinem Namen gekommen?

5 Warum brennen Petroleum und Kerze (Bilder 1 u. 3)? Gib bei deiner Antwort auch den Weg der Luft an.

6 Welche der folgenden Kerzen gehen aus, welche brennen weiter?

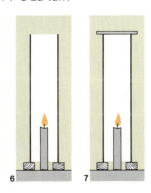

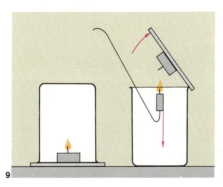

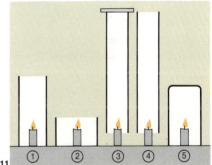

Die Bestandteile der Luft

Unsere Versuche haben uns den Eindruck vermittelt, daß die Luft aus zwei verschiedenen Gasen besteht. Genauere Untersuchungen haben jedoch gezeigt, daß die **Luft aus mehreren Gasen zusammengesetzt** ist.

In Bild 12 sind die Bestandteile der Luft hintereinandergezeichnet. Wir dürfen uns dadurch aber nicht täuschen lassen; in Wirklichkeit sind alle Gase der Luft miteinander *vermischt* (Bild 13).

Aus dem Streifendiagramm (Bild 12) können wir ablesen, daß 100 Liter saubere Luft neben dem **Sauerstoff** und dem **Stickstoff** noch 1 Liter andere Bestandteile enthalten: nämlich das **Kohlenstoffdioxid** (auch *Kohlendioxid* genannt), die sogenannten **Edelgase** sowie **Wasserstoff** und **Wasserdampf**.

Die Edelgase heißen *Argon*, *Neon*, *Helium*, *Krypton* und *Xenon*. Sie wurden im vorigen Jahrhundert entdeckt, als man genauere Untersuchungsmethoden und Geräte entwickelt hatte.

Das Kohlenstoffdioxid ist zwar bekannter als die anderen Gase, es kommt aber in der Luft nur in geringen Mengen vor. Deshalb konnte es in Bild 12 nicht eingezeichnet werden.

Die genauen Anteile der verschiedenen Gase an der Zusammensetzung der Luft findest du in einer Tabelle im Anhang.

100 Liter Luft		
etwa 21 Liter Sauerstoff	etwa 78 Liter Stickstoff	etwa 1 Liter andere Bestandteile

100 Liter Luft

Woraus besteht die Luft?

2 Die Eigenschaften des Sauerstoffs

Am 27. Januar 1967 ereignete sich beim Probestart einer *Saturn*-Rakete ein schreckliches Unglück: In der Raumkapsel an der Spitze der Rakete verbrannten drei amerikanische Astronauten. Der Brand war wahrscheinlich durch einen Kurzschluß entstanden und hatte sich mit rasender Geschwindigkeit ausgebreitet. Die Raumkapsel war mit reinem Sauerstoff gefüllt.

Aufgrund dieser schmerzlichen Erfahrung hat man eine Änderung vorgenommen: Bei allen Tests und beim Start von bemannten Raketen wird in den Raumkapseln ein Gemisch aus Sauerstoff und Stickstoff verwendet. Dieses Gemisch wird während des Fluges allmählich durch reinen Sauerstoff ersetzt.

Auch die in der Sowjetunion entwickelten Raumkapseln werden mit einem Gemisch aus Sauerstoff und Stickstoff gefüllt.

So wird Sauerstoff hergestellt und nachgewiesen

Durch Erhitzen von **Kaliumpermanganat** kann man reinen **Sauerstoff herstellen:**
Ein halber Spatellöffel Kaliumpermanganat wird in einem trockenen Reagenzglas vorsichtig erhitzt. Das Glas muß dabei mit einer Klemme *schräg* in die Flamme gehalten werden (Bild 5).

Mit einem **glimmenden Holzspan** kann man **Sauerstoff nachweisen:**
Sobald das Kaliumpermanganat im Reagenzglas zu knistern beginnt, wird ein langer, dünner Holzspan entzündet. Wenn er richtig brennt, wird die Flamme ausgeblasen, so daß das Holz gerade noch glimmt (Bild 6). Führt man dann den glimmenden Holzspan in das Reagenzglas mit dem Sauerstoff ein, fängt der Span wieder an zu brennen (Bild 7).

V 5 Sauerstoff wird normalerweise in blauen Stahlflaschen aufbewahrt (Bild 1). Durch ein Ventil kann man diesen Sauerstoff in kleinen Portionen entnehmen. Er wird über Wasser aufgefangen (Bild 2).

V 6 Eine brennende Kerze wird zunächst in ein mit *Luft* gefülltes Glas gehalten und dann in ein mit *Sauerstoff* gefülltes Glas getaucht (Bild 3). Beobachte jeweils die Kerzenflamme und vergleiche!

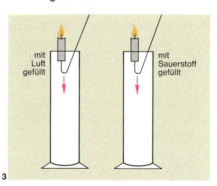

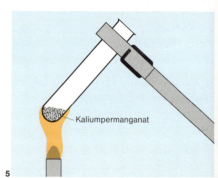

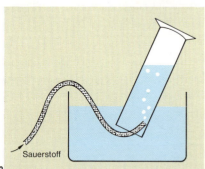

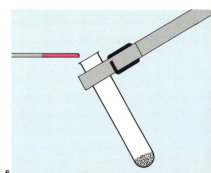

a) Beschreibe, wie das Auffangen des Gases über Wasser vor sich geht.
Ginge das nicht auch ohne Wasser – also mit Luft im Reagenzglas?

b) Wie sieht der Sauerstoff aus, und wie riecht er?

c) Dieser Sauerstoff sieht scheinbar ganz anders aus als der, den man beim Erhitzen von Kaliumpermanganat erhält. Woran liegt das vielleicht?

V 7 Zwei Reagenzgläser werden mit Sauerstoff gefüllt. Das erste stellst du mit der Öffnung nach oben auf, das andere hältst du mit seiner Öffnung nach unten (Bild 4). Nach etwa einer Minute führst du in jedes Glas einen glimmenden Holzspan ein.

a) Erkläre das Versuchsergebnis.

b) Schreibe alle gefundenen Eigenschaften des Sauerstoffs auf.

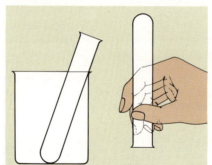

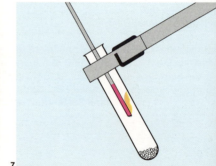

Aus Umwelt und Technik: **Sauerstoff kann Leben retten und schützen**

Eine Frau hat beim Schwimmen im Hallenbad einen Herzanfall erlitten. Zum Glück hat der Bademeister die Frau beobachtet und kann sie vor dem Ertrinken retten. Nun liegt die Verunglückte bewußtlos am Beckenrand. Sie atmet nur noch schwach.

Der schnell herbeigerufene Unfallwagen ist mit einem **Sauerstoffgerät zur künstlichen Atmung** (Bild 8) ausgerüstet. Es hat schon manchem das Leben gerettet.

Das Gerät kann sogar dann noch mit Erfolg eingesetzt werden, wenn der Verunglückte gar nicht mehr atmet. Das muß aber *sofort* geschehen, denn der menschliche Körper kann nur wenige Minuten ohne Sauerstoff auskommen. Atmet der Verunglückte 4–6 Minuten lang gar nicht, bleiben bei ihm Hirnschäden zurück – wenn es überhaupt noch gelingt, ihn ins Leben zurückzurufen.

Im Krankenhaus wurden herzkranke Patienten früher unter ein **Sauerstoffzelt** (Bild 9) gelegt. Es bestand aus Kunststoffolie und wurde über dem Bett aufgespannt.

Aus einer Sauerstoffflasche wurde langsam und gleichmäßig Sauerstoff unter das Zelt geleitet. Dort entstand ein Luftgemisch, das *mehr* Sauerstoff als die normale Luft enthielt. Auf diese Weise bekam der Patient auch dann noch den lebensnotwendigen Sauerstoff, wenn er nur schwach atmete. Heute wird dem Patienten zusätzlicher Sauerstoff meist durch eine *Maske* wie in Bild 8 zugeführt.

Die Feuerwehr ist mit tragbaren **Atemschutzgeräten** ausgerüstet.

Diese Geräte werden eingesetzt, wenn die Feuerwehrleute in Räumen arbeiten müssen, in denen Rauch, Gase oder giftige Dämpfe die normale Atmung unmöglich machen.

Die Atemschutzgeräte sind so gebaut, daß jeder Feuerwehrmann völlig unabhängig von der Umgebungsluft ist. Der zum Atmen notwendige Sauerstoff wird ihm aus der Preßluftflasche zugeführt, die er auf dem Rücken trägt (Bild 10). Das ist für ihn sehr praktisch, denn auf diese Weise kann er etwa 30 bis 60 Minuten lang ohne Unterbrechung im Einsatz sein.

Ein weiteres wichtiges Sauerstoffgerät ist der sogenannte **Höhenatmer**.

Ob jemand die höchsten Berge der Erde besteigt, ob er in einem Freiluftballon mitfliegt oder in einem kleinen Flugzeug ohne Druckkabine – in Höhen von über 4000 m ist er auf dieses Gerät angewiesen. Mit ihm kann der Atemluft Sauerstoff zugesetzt werden.

Die Luft wird immer „dünner", je höher wir kommen. Dadurch nehmen wir beim normalen Atmen zu wenig Sauerstoff in uns auf. Nur Sportler, die ihren Körper besonders darauf trainiert haben, können auch in größeren Höhen auf ein zusätzliches Atemgerät verzichten. Zum Beispiel gelang es dem Bergsteiger *Reinhold Messner*, den *Mt. Everest* (den höchsten Berg der Erde) ohne jeden Höhenatmer zu bezwingen!

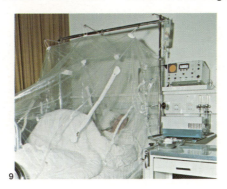

Fragen und Aufgaben zum Text

1 Nenne die gemeinsame Aufgabe der beschriebenen Sauerstoffgeräte.

2 Warum kann ein Kranker unter einem Sauerstoffzelt leichter atmen als in einem Krankenzimmer mit normaler Luft?

3 Warum muß ein Mensch, der nach einem Unfall nicht mehr atmet, möglichst *sofort* an ein Sauerstoffgerät angeschlossen werden?

Was geschieht, wenn Eisen und Schwefel miteinander reagieren?

Wenn ein Gemisch aus Eisenpulver und Schwefelpulver erhitzt wird, glüht es schließlich durch.

Untersucht man danach die Eigenschaften, so zeigt sich, daß die Ausgangsstoffe Eisen und Schwefel nicht mehr zu finden sind.

Es ist ein **neuer Stoff** entstanden, das **Eisensulfid** (lat. *sulfur:* der Schwefel). Der neue Stoff hat **andere Eigenschaften** als seine beiden Ausgangsstoffe Eisen und Schwefel.

Jeder Vorgang, bei dem neue Stoffe mit anderen Eigenschaften entstehen, wird *chemischer Vorgang* oder **chemische Reaktion** genannt.

Bei der Reaktion von Eisen und Schwefel verbinden sich die beiden Stoffe. Eisensulfid ist also eine **Verbindung** von Eisen und Schwefel.

Eisen ⟶
         ⟶ Eisensulfid
Schwefel ⟶

Der Chemiker schreibt dafür auch:

Eisen + Schwefel → Eisensulfid.
(Lies: „Eisen und Schwefel reagieren zu Eisensulfid.")

Eine solche Schreibweise kann man als **Reaktionsschema** bezeichnen, genauer: als *Reaktionsschema mit Worten*. (Oft sagt man dazu auch *Wortgleichung*.) Mit Hilfe des Reaktionsschemas kann eine Reaktion kurz und übersichtlich beschrieben werden.

Den Pfeil im Reaktionsschema nennt man **Reaktionspfeil**.

Auf der linken Seite des Reaktionspfeils stehen die Ausgangsstoffe, auf der rechten die neu entstandenen Stoffe, die **Reaktionsprodukte**.

Bei einem Reaktionsschema darf der Reaktionspfeil nicht durch ein Gleichheitszeichen ersetzt werden; die Stoffe auf der linken Seite sind ja andere als die auf der rechten.

Wenn sich Eisen und Schwefel verbinden, reagieren ihre **kleinsten Teilchen** miteinander. Das können wir uns so vorstellen, wie es in Bild 7 stark vereinfacht dargestellt wurde.

Die Anordnung der Teilchen zeigt, daß Eisensulfid ein anderer Stoff ist als Eisen oder Schwefel. Schwefel kann sich auch mit vielen anderen Metallen verbinden – nicht nur mit Eisen wie in unserem Beispiel.

Jedesmal entsteht dabei ein neuer Stoff: ein **Metallsulfid**. Alle Metallsulfide sind chemische Verbindungen.

Kupfer + Schwefel → Kupfersulfid
Zink + Schwefel → Zinksulfid
Metall + Schwefel → Metallsulfid

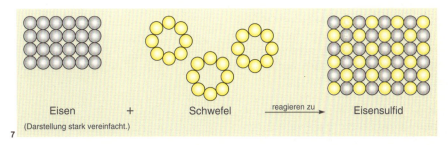

Eisen + Schwefel ⟶reagieren zu⟶ Eisensulfid
(Darstellung stark vereinfacht.)
7

Aufgaben

1 Vergleiche die Eigenschaften von Eisen, Schwefel und Eisensulfid.
Lege dazu eine Tabelle wie die folgende in deinem Heft an, und trage darin deine Ergebnisse ein.

Stoff	Farbe	Glanz	Leitung des elektr. Stroms
Eisen			
Schwefel			
Eisen-sulfid			

2 Woran kann man erkennen, daß bei einem Versuch eine chemische Reaktion abläuft?

3 Woran kannst du ein *Gemisch* aus Eisen- und Schwefelpulver von einer *Verbindung* dieser beiden Stoffe unterscheiden?

4 Auch wenn sich das Metall Nickel mit Schwefel verbindet, entsteht ein neuer Stoff. Wie heißt er?

8

9

5 Was sagt der Name *Quecksilbersulfid* über die Entstehung dieses Stoffes aus?

6 Bild 8 zeigt einen *Lehrerversuch*, bei dem die Verbindung *Silbersulfid* hergestellt wird.

a) Beschreibe die in dem Versuch verwendeten Ausgangsstoffe. Gib auch eine Beschreibung des entstehenden Reaktionsproduktes.

b) Schreibe zu dieser Reaktion das Reaktionsschema auf.

7 In Bild 9 wurde ein Gemisch aus Bleipulver und Schwefelpulver erhitzt. Dabei entstand ein neuer Stoff, das *Bleisulfid*.

Vergleiche diese Reaktion mit der von Eisen und Schwefel.

8 Sieh dir die Bilder 1–5 auf der Nachbarseite an. Wo sind dort Reinstoffe abgebildet?

Aus Umwelt und Technik: **Sauerstoff und Stickstoff aus flüssiger Luft**

Reiner Sauerstoff und Stickstoff werden heute in großen Mengen aus flüssiger Luft gewonnen. Diese stellt man nach dem *Linde-Verfahren* her.

Bei diesem Verfahren nutzt man eine besondere Eigenschaft von Gasen: Wenn sich ein zusammengepreßtes Gas plötzlich entspannt – d. h., wenn der Druck nachläßt – kühlt es sich ab. Die Temperatur sinkt um so mehr, je kühler das Gas vor dem Entspannen ist.

Das kannst du z. B. beobachten, wenn du eine Mineralwasser- oder Bierflasche öffnest, die einen *Patentverschluß* (Bild 1) hat: Über der Flaschenöffnung siehst du für kurze Zeit einen weißen Nebel. An dieser Stelle kondensiert das entweichende, abgekühlte Gas; es bildet winzige Tröpfchen.

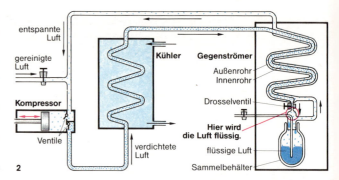

In der Anlage (Bild 2), die *Carl von Linde* erfand, wird die Luft im Kompressor zunächst stark zusammengepreßt. Dabei erwärmt sie sich und muß deshalb wieder bis zur Ausgangstemperatur gekühlt werden.

Die Hochdruckluft wird anschließend durch das innere Rohr des Gegenströmers gepreßt. In dem weiten Gefäß hinter dem Drosselventil entspannt sie sich wieder und kühlt sich dabei ab.

Nun strömt sie durch das Außenrohr des Gegenströmers zum Kompressor zurück. Dabei kühlt sie die entgegenkommende Hochdruckluft ab.

Wenn der Kreislauf erneut beginnt, ist die Luft schon *vorgekühlt*. Deshalb sinkt die Temperatur beim Entspannen noch tiefer ab. Das wiederholt sich mehrmals, bis die Luft bei etwa −200 °C flüssig wird.

Um aus der flüssigen Luft nun Sauerstoff und Stickstoff zu gewinnen, wird sie in eine andere Anlage umgefüllt. Wenn man sie vorsichtig erwärmt, siedet bei −196 °C der Stickstoff. Der Sauerstoff bleibt jedoch noch flüssig; er geht erst bei −183 °C in den gasförmigen Zustand über.

Beide Gase werden getrennt aufgefangen. Der Sauerstoff wird dann in blaue Stahlflaschen gepreßt.

Aus Umwelt und Technik: **Sauerstoff zum Schneiden und Schweißen**

Beim **Brennschneiden** und **Schweißen** spielt der Sauerstoff eine wichtige Rolle. Außer dem Sauerstoff braucht man dazu ein brennbares Gas. (Der Sauerstoff brennt ja nicht selbst, er *unterstützt* nur die Verbrennung.)

Meist verwendet man als Brenngas das *Acetylen*. Es wird einer gelben Stahlflasche entnommen und strömt durch einen Schlauch in den Schneidbrenner. An der Öffnung des Brenners wird das Gas entzündet.

Die Temperatur der Flamme reicht noch nicht aus, um damit Metall zu schweißen oder zu schneiden. Deshalb leitet man zusätzlich reinen Sauerstoff in die Flamme (Bild 3).

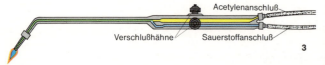

Das Acetylen verbrennt dadurch viel heftiger, und die Temperatur der Flamme steigt auf etwa 3000 °C an. Wenn man jetzt mehr Sauerstoff als Acetylen in die Flamme leitet, schmilzt das Metall nicht nur, sondern es *verbrennt*.

Die Brennerflamme kann so genau eingestellt werden, daß nur ein schmaler „Metallstreifen" verbrennt. Man kann bei diesem Vorgang tatsächlich von **Schneiden** (Brennschneiden) sprechen, denn dabei entsteht ein Spalt, der schließlich das Metallstück teilt.

Beim **Schweißen** wird gleichzeitig mit dem Metall ein Stück Schweißdraht erhitzt (Bild 4). Das Metall des Drahtes schmilzt und läuft in die Fuge zwischen den Metallstücken, die man zusammenschweißen will. Wenn sich dann das Metall wieder abkühlt, entsteht eine Schweißnaht, die die Metallstücke fest zusammenhält.

3 Die Eigenschaften von Kohlenstoffdioxid

Beim Öffnen einer Flasche mit Mineralwasser steigen dicke Gasblasen auf, und es spritzt oft sogar etwas Flüssigkeit aus der Flasche. Auch wenn das Getränk in die Gläser gegossen wird, sprudelt es noch kräftig weiter. Welches Gas entweicht dabei aus dem Mineralwasser?

V 8 Wenn du eine neue Mineralwasserflasche öffnest, solltest du zuerst etwas Mineralwasser abgießen. Das Gas kann dann besser aus der Flüssigkeit entweichen.

Die Flasche wird mit einem Stopfen verschlossen, in dem ein gebogenes Glasrohr steckt (oder ein Winkelröhrchen mit Schlauch). Das Gas aus dem Mineralwasser leiten wir in ein Becherglas, in dem ein Teelicht brennt (Bild 5).

a) Was beobachtest du?

b) Welche Eigenschaften hat das Gas aus der Sprudelflasche?

c) Welches Gas kann es auf keinen Fall sein?

d) Welches Gas *könnte* es sein?

V 9 Gas aus der Sprudelflasche wird in ein Reagenzglas mit Calciumlauge („Kalkwasser") C geleitet.

a) Wenn die Calciumlauge trübe wird, dann ist das Gas aus der Sprudelflasche Kohlenstoffdioxid. (Der *Nachweis von Kohlenstoffdioxid* ist, daß es Calciumlauge trübt.)

b) Zum Vergleich werden auch Sauerstoff und anschließend Stickstoff durch Calciumlauge geleitet.

V 10 Prüfe ausgeatmete Luft mit Calciumlauge („Kalkwasser") C. Dabei darfst du nur vorsichtig blasen, damit sie nicht aus dem Reagenzglas spritzt (Bild 6). Du mußt auch eine Schutzbrille tragen! (Calciumlauge ist eine ätzende Flüssigkeit.)

V 11 Wir füllen mit dem Gas aus der Sprudelflasche ein Becherglas. Dann stellen wir ein brennendes Teelicht in eine Glasschale, und zwar direkt an den Rand. Nun wird das Becherglas *neben dem Teelicht* „ausgegossen", also *nicht über* der Flamme.

V 12 Ein „leeres" Becherglas wird auf eine empfindliche Balkenwaage gestellt und die Waage ins Gleichgewicht gebracht. Dann leiten wir das Gas aus der Sprudelflasche in das Becherglas (Bild 7). Gib acht, daß du das Glas nicht berührst und daß auch keine Flüssigkeit mit dem Gas hineingelangt!

Beobachte die Waage. Welche Eigenschaft von Kohlenstoffdioxid zeigt dieses Versuchsergebnis?

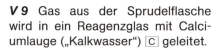

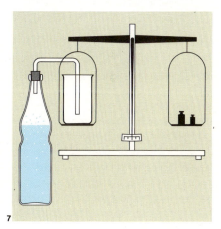

Aufgaben

1 Vergleiche die Eigenschaften von Sauerstoff und Kohlenstoffdioxid. Schreibe sie in einer Tabelle nach folgendem Muster auf:

Eigenschaft	Sauerstoff	Kohlenstoffdioxid
Farbe		
……		

2 Wenn man Vitamin-C-Brausetabletten in ein Glas mit Wasser gibt, fangen sie an zu sprudeln. Das ist genauso bei Brausepulver und bei Tabletten zum Reinigen künstlicher Zähne oder Zahnspangen. Jedesmal entwickelt sich dabei ein Gas.

Denke dir einen **Versuch** aus, mit dem du prüfen kannst, um welches Gas es sich handelt. Du weißt ja, wie man die Gase Sauerstoff, Stickstoff und Kohlenstoffdioxid voneinander unterscheiden kann.

3 In den Versuchen 10–12 werden drei Eigenschaften des Kohlenstoffdioxids gezeigt. Schreibe auf, was du in jedem einzelnen Versuch festgestellt hast. (Einige Versuche zeigen *zwei* Eigenschaften!)

4 Stickstoff – der Hauptbestandteil der Luft

Eigenschaften von Stickstoff

Die Luft besteht zu 78% aus Stickstoff, einem farblosen, geruchlosen Gas. Es ist zwar ungiftig, unterstützt aber nicht die Atmung. Außerdem ist Stickstoff nicht brennbar; er unterhält (oder unterstützt) auch nicht die Verbrennung.

Carl Wilhelm Scheele wählte deshalb bei seinen Experimenten zur Verbrennung für diesen Teil der Luft die Bezeichnung „verdorbene Luft".

Stickstoff kondensiert unter Normaldruck bei −196 °C zu einer wasserklaren, ebenfalls farb- und geruchlosen Flüssigkeit. Wenn der Stickstoff noch weiter abgekühlt wird, bildet er bei −210 °C farblose Kristalle.

Der Stickstoff wird als sehr *reaktionsträge* bezeichnet. Das bedeutet, daß er (bei Zimmertemperatur) keine anderen Stoffe „angreift" und sich auch nicht mit ihnen verbindet.

Reiner Stickstoff (oder ein Gemisch aus 80% Stickstoff und 20% Kohlenstoffdioxid) kann deshalb als „Schutzgas" dienen, z. B. beim Verpacken von Lebensmitteln (Bild 1).

1

Aus Umwelt und Technik: Verwendungsmöglichkeiten des Stickstoffs

2

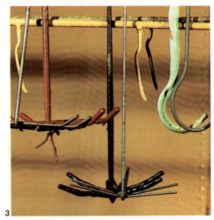
3

4

Stickstoff findet wegen seiner günstigen Eigenschaften in verschiedenen Bereichen Verwendung.

In der **Bauindustrie** nutzt man die Kühlmöglichkeiten mit Stickstoff. So lassen sich z. B. *Wassereinbrüche* in tiefen Baugruben und beim U-Bahnbau verhindern bzw. stoppen: Dazu wird flüssiger Stickstoff über sog. *Gefrierlanzen* ins Erdreich eingebracht. Dort verdampft er, und das Gas wird ins Freie abgeleitet. Die benötigte Wärmeenergie wird dem umgebenden Erdreich entzogen. Dadurch gefriert das dort vorhandene Wasser. Nach diesem Verfahren kann innerhalb von 3 Tagen ein Eismantel von ca. 1 m Dicke erzeugt werden.

Das sog. *Rohrfrosten* (Bild 2) wird angewendet, wenn Reparaturen an Rohrleitungen durchgeführt werden müssen und kein Ventil zum Absperren der Flüssigkeit vorhanden ist: Ein mit flüssigem Stickstoff gefrorener Pfropfen der Rohrleitungsflüssigkeit verschließt dabei das Rohr und hält so die Flüssigkeit zurück.

In der **industriellen Fertigung** wird flüssiger Stickstoff z. B. in *Lackierbetrieben* eingesetzt. Dort werden Serienteile gespritzt oder durch Eintauchen lackiert. Der Stickstoff dient dazu, ungewollte Lacküberzüge auf den Aufhängevorrichtungen zu entfernen (Bild 3):

Durch das Unterkühlen mit flüssigem Stickstoff wird der Lack spröde und läßt sich dann leicht von den Stahlgehängen entfernen. Auf diese Weise wird der Einsatz chemischer Lösungsmittel überflüssig.

In der **Sicherheitstechnik** werden z. B. Rohrleitungen für brennbare Chemikalien vor ihrer Inbetriebnahme mit flüssigem oder gasförmigem Stickstoff gespült.

Andere Beispiele aus diesem Bereich sind der vorbeugende Brand- und Explosionsschutz, das Löschen von Glimmbränden und die Erschließung von Erdgaslagerstätten.

In der **Lebensmitteltechnik** ist das Kühlen und Gefrieren von Lebensmitteln mit flüssigem Stickstoff seit mehr als 20 Jahren gebräuchlich. Die kurzen Gefrierzeiten ermöglichen es, in kleinen Anlagen große Mengen einzufrieren (Bild 4).

Da Stickstoff geschmacksneutral, geruchlos und unschädlich ist, werden zahlreiche Lebensmittel unter diesem Gas gelagert und verpackt. So bleiben sie länger frisch.

In der **Medizin** nutzt man den flüssigen Stickstoff z. B. zum Konservieren von Blut, Gewebeproben, Impfstoffen und Bakterienkulturen. Auch für kleine chirurgische Eingriffe bei örtlicher Betäubung ist er geeignet.

Alles klar?

1 Erkläre folgende Aussage: Luft unterhält die Verbrennung.

2 Carl Wilhelm Scheele entdeckte 1772 den Sauerstoff. Er nannte ihn „Feuerluft". Wie kam er wohl auf diesen Namen?

3 In welcher der Glaskugeln von Bild 5 ist Luft, in welcher Sauerstoff?

4 Erinnere dich an das Unglück der Astronauten von 1967. Warum hätte sich in einer mit Luft gefüllten Raumkapsel das Feuer nicht so schnell ausgebreitet?

5 Zwei Reagenzgläser sind jeweils mit einem Gas gefüllt. Wie bekommst du heraus, in welchem Sauerstoff ist?

6 Brennt Sauerstoff eigentlich selbst, oder unterstützt er die Verbrennung? Überlege dir dazu einen Versuch.

7 In dem Standzylinder von Bild 6 befindet sich Kohlenstoffdioxid. Was wird mit der Flamme geschehen, wenn die Kerze in das Glas eingeführt wird?

8 Kerzenflammen verhalten sich gleich, wenn wir sie in Stickstoff oder Kohlenstoffdioxid tauchen. Wie kann man die beiden Gase trotzdem unterscheiden?

9 Nenne einige Verwendungsmöglichkeiten für flüssigen Stickstoff.

5

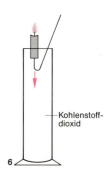
6

5 Zusammenfassung

Luft und Verbrennung

Die **Luft** ist ein **Gemisch** aus mehreren gasförmigen Stoffen.

100 Liter Luft: etwa 21 Liter Sauerstoff | etwa 78 Liter Stickstoff | etwa 1 Liter andere Bestandteile

100 Liter Luft bestehen aus: 78 l **Stickstoff** und 21 l **Sauerstoff**. Den Rest bilden **Wasserstoff, Edelgase** und **Kohlenstoffdioxid**.

Die Gase sind miteinander vermischt. Sie haben mehrere **gemeinsame Eigenschaften**: Alle sind unsichtbar, geruchlos und geschmacklos.

Eine **Verbrennung** kann nur stattfinden, wenn Luft (oder reiner Sauerstoff) vorhanden ist.

Immer, wenn ein Stoff an der Luft verbrennt, wird ein Teil der Luft (nämlich der Sauerstoff) verbraucht.

Wenn die Luft schließlich nicht mehr genügend Sauerstoff enthält, erlischt die Flamme.

Die Eigenschaften von Stickstoff, Sauerstoff und Kohlenstoffdioxid

Stickstoff, der Hauptbestandteil der Luft, ist sehr reaktionsträge. Er ist nicht brennbar und unterstützt auch nicht die Verbrennung.

Sauerstoff ist ein besonders wichtiger Bestandteil der Luft: Er ist lebensnotwendig. Der Sauerstoff ist etwas schwerer als die Luft.

Sauerstoff brennt nicht selbst, aber er ist für die Verbrennung notwendig. Jede Verbrennung verläuft in reinem Sauerstoff heftiger und mit hellerem Licht als an der Luft.

Aus dieser Eigenschaft ergibt sich auch der **Nachweis** für Sauerstoff:
Ein glimmender Holzspan flammt in reinem Sauerstoff auf.

Kohlenstoffdioxid (auch *Kohlendioxid* genannt) ist ebenfalls Bestandteil der Luft. Er ist aber nur in geringen Mengen darin enthalten.

Kohlenstoffdioxid ist schwerer als Luft. Es läßt sich daher wie Wasser „gießen". Dieses Gas ist selbst nicht brennbar: Es verhindert die Verbrennung und löscht eine Flamme.

Nachweis von Kohlenstoffdioxid:
Kohlenstoffdioxid trübt Calciumlauge („Kalkwasser").

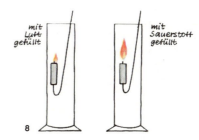
8

9

10

Kohlenstoffdioxid im Körper

Ein historisches Experiment zur Atmung

In den Jahren 1742–1786 lebte in Schweden der Apotheker *Carl Wilhelm Scheele*. In seiner Freizeit führte er gern chemische Experimente durch.

Damals begannen viele Forscher in Europa, sich für den Stoff „Luft" zu interessieren – auch Carl Wilhelm Scheele. In einem Aufsatz mit dem Titel *„Von der Luft und vom Feuer"* beschrieb er einen **Versuch** mit einem überraschenden Ergebnis (Bild 1):

„Ich nahm eine große weiche Blase und befestigte eine Röhre in deren Mündung. Darauf blies ich sie mit der Luft aus meiner Lunge voll, und mit der linken Hand hielt ich meine Nasenlöcher zu.

Ich atmete diese Luft so lange ein und aus, als mir möglich war, und konnte 24 Atemzüge machen.

Dann untersuchte ich diese Luft und stellte fest, daß eine brennende Kerze alsbald darin erlosch."

V 1 Du kannst Scheeles Versuch mit einer kleinen Tüte aus Klarsichtfolie nachmachen.

Statt der Röhre, die Scheele zum leichteren Hineinblasen verwendete, legst du Daumen und Zeigefinger wie einen Ring um die Tütenöffnung (Bild 2).

Wie viele Atemzüge schaffst du? (Setze dich bei diesem Versuch hin

– für den Fall, daß dir beim Blasen in die Tüte schwindelig wird.)

V 2 Prüfe die Luft, die du ausatmest, indem du sie durch Calciumlauge („Kalkwasser") C leitest.

Blase aber nur ganz vorsichtig, damit du die ätzende Flüssigkeit nicht verspritzt. Trage auch unbedingt deine Schutzbrille!

Aufgaben

1 Scheele mußte seinen oben beschriebenen Versuch nach 24 Atemzügen abbrechen. Welche Erklärung findest du dafür?

2 Warum müssen Klassenräume in jeder Pause gelüftet werden?

3 Kleinen Kindern sollte man keine Plastiktüten zum Spielen geben. Sie stülpen sie sich gar zu gern über den Kopf. Warum kann das für Kinder gefährlich werden?

4 In einem Raum ist die Luft „verbraucht". Was bedeutet das genau?

Hinweis: Für die folgenden Aufgaben solltest du erst den Text „Spedition Blut" auf der Nachbarseite lesen.

5 Blut strömt vom Herzen zu den Kapillaren im Körper und von dort zum Herzen zurück.

Schreibe für beide Richtungen auf, ob viel oder wenig Sauerstoff bzw. Kohlenstoffdioxid transportiert wird.

6 Blut besteht hauptsächlich aus Wasser mit Blutplättchen sowie roten und weißen Blutkörperchen.

a) Welcher Bestandteil des Blutes ermöglicht – vom Wasser abgesehen – den Gastransport?

b) Bei längerem Aufenthalt in großen Höhen bildet der Körper mehr rote Blutkörperchen.

Welchen Vorteil bringt dies für einen Sportler, der vom Training in einem solchen „Höhenlager" zu einem Wettkampf in normaler Höhenlage kommt?

7 In der folgenden Tabelle sind einige Bestandteile von einem Liter Luft aufgelistet:

1 Liter Luft enthält	Eingeatmete Luft	Ausgeatmete Luft
Stickstoff	780 ml	790 ml
Sauerstoff	210 ml	160 ml
Kohlenstoffdioxid	0,3 ml	40 ml

a) Um wieviel Milliliter nimmt der Sauerstoff in der Luft, die man ausatmet, ab? Um wieviel Milliliter nimmt das Kohlenstoffdioxid zu?

b) Luft, die wir ausatmen, gilt im allgemeinen als „verbraucht". Wie ist es dennoch möglich, daß wir mit dieser Luft eine Atemspende geben können?

Aus Umwelt und Technik: „Spedition Blut" – Gastransporte sicher und schnell

Zwar entsteht der Mensch aus nur einer einzigen befruchteten Eizelle – später setzt sich aber der Körper eines Erwachsenen aus etwa 60 Billionen Zellen zusammen. Und jede einzelne dieser Zellen muß ständig versorgt werden!

Nicht nur die Lieferung von Nährstoffen und Energie ist für jede einzelne Zelle nötig. Die Zellen müssen außerdem an eine Art „Müllabfuhr" angeschlossen werden – die Abfallstoffe sind ja auch wieder abzutransportieren. Diese vielseitige Aufgabe übernimmt der **Blutkreislauf.**

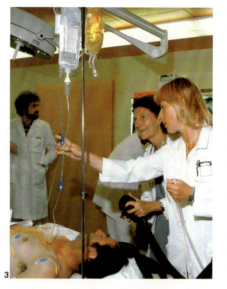

Ein Erwachsener verfügt über 5–6 Liter **Blut**. Diese Blutmenge benötigt er auch tatsächlich, ja Blutverluste von über einem Liter werden für ihn lebensgefährlich.

Unfallopfern oder auch Patienten, die bei einer Operation viel Blut verloren haben, wird das fehlende Blut oft durch eine *Bluttransfusion* ersetzt. Dabei wird das Blut des Spenders in die Blutgefäße des Patienten geleitet.

In besonderen Fällen nimmt der Arzt statt des Blutes eine *physiologische Kochsalzlösung* oder eine *Plasmalösung.* (Bild 3). Beide Flüssigkeiten bestehen hauptsächlich aus Wasser.

Blut besteht zu etwa sechs Zehnteln aus *Blutplasma.* Das ist eine schwach gelbe, klare Flüssigkeit, die zum größten Teil Wasser ist. Die restlichen vier Zehntel sind feste Bestandteile, die in der Flüssigkeit verteilt sind: *rote und weiße Blutkörperchen* sowie *Blutplättchen.*

Besonders zahlreich sind die roten Blutkörperchen vertreten: Ein kleiner Tropfen Blut (ein Würfelchen mit einer Kantenlänge von 1 mm, also 1 mm^3 Blut) enthält ca. 5 Millionen davon.

Die besondere Aufgabe der roten Blutkörperchen ist ein **Gastransport**, der im Körper stattfindet (Bild 4), nämlich der Transport von Sauerstoff und Kohlenstoffdioxid. Für diese Aufgabe sind sie offenbar gut geeignet: Die roten Blutkörperchenn von einem Liter Blut können ca. 200 ml Sauerstoff und 40 ml Kohlenstoffdioxid transportieren.

In der *Lunge* nehmen die roten Blutkörperchen den **Sauerstoff** auf. Schon wenige Augenblicke später erreichen sie über das Herz und die großen Schlagadern die Haargefäße *(Kapillaren).* Die Kapillaren sind viel dünner als ein Haar; das Blut strömt deshalb nur langsam durch sie hindurch. Dabei geben die roten Blutkörperchen den Sauerstoff an die Körperzellen ab. Und dort wird er zur Energiegewinnung benötigt.

Bei diesen Vorgängen in den Zellen entsteht als Abfallprodukt **Kohlenstoffdioxid**. Dieses Gas geht ins Blut über. Vom Blut wird es dann zur Lunge transportiert und schließlich mit der Atemluft ausgeschieden.

In der Lunge und in den Körperzellen findet also mit Hilfe des Blutes ein ständiger Gasaustausch statt – und das Transportmittel ist letzten Endes **Wasser**.

Vielleicht fragst du dich, wie es zu diesen Vorgängen kommt, wer eigentlich der „Motor" dafür ist?

Das hat etwas mit der „Osmose" zu tun, über die du später etwas erfahren wirst. Heute dazu nur folgendes:

In dem Blut, das zu den Kapillaren im Körper fließt, ist mehr Sauerstoff enthalten als in den anliegenden Zellen; deshalb geht der Sauerstoff in diese Zellen über. In den Zellen wiederum ist der Gehalt an Kohlenstoffdioxid höher; deshalb wandert dieses Gas ins Blut. Sowohl Sauerstoff als auch Kohlenstoffdioxid wandern also von Bereichen höherer Konzentration zu Bereichen niedrigerer Konzentration. Das läuft alles ganz von alleine ab.

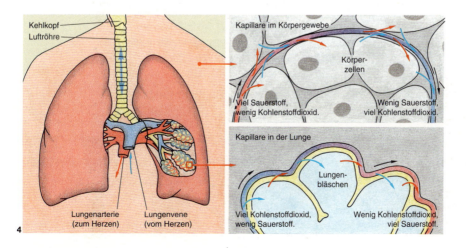

Entzünden und Löschen

1 Was brennt eigentlich in einer Flamme?

V 1 Besorge dir eine Kerze, bei der der Docht abgebrochen ist. Stelle sie auf eine feuerfeste Unterlage.

a) Versuche, die *Kerze ohne Docht* zu entzünden.

b) Ersetze den Docht durch ein Stückchen Holz. Dazu steckst du ein Streichholz ohne Kopf neben dem Dochtrest in die Kerze. Das Hölzchen soll nur etwa 1 cm aus dem Kerzenwachs herausragen.
  Läßt sich deine Kerze nun mit dem Hölzchen als „Docht" anzünden?

V 2 Erhitze etwas *Kerzenwachs* in einem Porzellantiegel (Bild 2).

a) Versuche mehrmals, das Wachs zu entzünden (Bilder 3 u. 4).

b) Beschreibe genau, was mit dem Wachs geschieht. Wann beginnt es zu brennen?

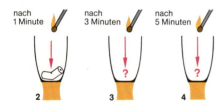

V 3 Zünde eine Kerze an und warte, bis das Wachs rund um den Docht geschmolzen ist. Blase dann die Flamme aus. Vom Docht steigt jetzt weißer *Wachsdampf* auf.

a) Entzünde schnell ein Streichholz, und halte es etwa *2 cm* über dem Docht in den Wachsdampf (Bild 5).

b) Halte die Streichholzflamme jetzt *5 cm* hoch über dem Docht in den Wachsdampf (Bild 6).

c) Stülpe ein Glasrohr über die brennende Kerze, so daß der obere Glasrand etwa 10 cm vom Docht entfernt ist. Wenn du die Kerzenflamme ausgeblasen hast, hältst du die Streichholzflamme am oberen Glasrand in den Wachsdampf (Bild 7).

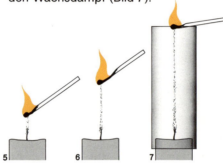

V 4 Sieh dir einmal eine *Kerzenflamme* genau an. Du kannst zwei *Zonen* deutlich unterscheiden.

a) Halte für etwa eine Sekunde ein Streichholz quer in die Flamme (Bild 8). Achte darauf, daß du es dicht über dem Docht in die dunkle Zone der Flamme hältst!

b) Halte einen Streichholzkopf für knapp eine Sekunde in die innere Zone der Flamme (Bild 9). Halte ihn dann genauso lange in die Spitze der Flamme.

c) Versuche, deine Beobachtungen zu erklären.

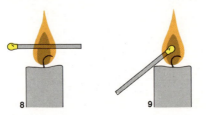

V 5 In Bild 10 lassen wir etwas *Holz* in einem Reagenzglas *verschwelen* (Abzug!). Das Feuer kann so nicht direkt an das Holz herankommen.

a) Beobachte genau, wie sich das Holz beim Verschwelen verhält. Was verändert sich? Was passiert, wenn du nach kurzer Zeit ein brennendes Streichholz an die Öffnung des Glasröhrchens hältst?

b) Erhitze auf die gleiche Weise etwas Holzkohle (Zeichenkohle oder Grillkohle). Vergleiche!

V 6 Wir erhitzen eine kleine Menge Kerzenwachs in einem Tiegel, bis eine Flamme entsteht (Bild 11).

a) Dann nehmen wir den Brenner weg und decken den Tiegel mit dem Deckel zu (Bild 12). Nach ein paar Sekunden heben wir den Deckel mit der Tiegelzange wieder ab (Bild 13).

b) Das Öffnen und Schließen des Tiegels kann man mehrere Male wiederholen – mit dem gleichen Ergebnis.
  Wie kannst du dieses Ergebnis erklären?

Die Bedeutung der Entzündungstemperatur

Für ein Feuer wird ein **brennbarer Stoff** benötigt, z. B. Papier, Holz, Kohle, Benzin, Spiritus, Heizöl, Erdgas. Der Brennstoff allein genügt aber nicht.

Jeder Brennstoff braucht auch eine bestimmte Temperatur, damit er überhaupt zu brennen anfängt. Man nennt sie die **Entzündungstemperatur**. Jeder Stoff hat eine andere Entzündungstemperatur.

In der folgenden Tabelle sind einige brennbare Stoffe mit ihren Entzündungstemperaturen aufgeführt:

Brennbarer Stoff	Entzündungstemperatur
Streichholzkopf	etwa 60 °C
Papier	etwa 250 °C
Holzkohle	150–220 °C
Benzin	220–300 °C
Heizöl	250 °C
Paraffin (Kerzenwachs)	250 °C
trockenes Holz	etwa 300 °C
Butangas (Flüssiggas für Feuerzeuge)	400 °C
Spiritus	425 °C
Propangas	460 °C
Erdgas	etwa 600 °C
Steinkohle	350–600 °C
Koks	700 °C

Flüssige Brennstoffe, die sehr leicht Gase oder Dämpfe bilden, entzünden sich viel schneller als feste Brennstoffe. Sie sind deshalb **feuergefährlich** (z. B. Benzin).

Wenn die Brennstoffe schon gasförmig sind, genügt oft ein Funke, um sie zu entzünden. Es bildet sich eine Flamme, häufig sogar eine Stichflamme, die Menschen und Dinge in Brand setzen kann.

Wenn wir **Feuer machen** wollen (Bild 14), spielt z. B. die Entzündungstemperatur eine wichtige Rolle:

Zunächst legen wir locker zerknülltes *Papier* in den Ofen. Darauf kommen einige dünne Stücke *trockenes Holz*. Dann folgen ein paar *dickere Holzscheite*, und zuletzt kommt die *Kohle*.

Dann wird ein *Streichholz* entzündet. Die Flamme greift vom Streichholz auf das *Papier* über.

Das brennende Papier liefert so viel Wärme, daß die Entzündungstemperatur des Holzes erreicht wird. Das *fein zerteilte Holz* fängt zuerst Feuer, denn es kommt gut mit Luft in Berührung. Danach entzünden sich die dicken *Holzscheite*. Auch der sogenannte **Zerteilungsgrad** spielt also eine Rolle.

Beim Brennen des Holzes wird so viel Wärme frei, daß schließlich die Entzündungstemperatur der *Kohle* erreicht wird. Bald ist das Feuer in vollem Gange.

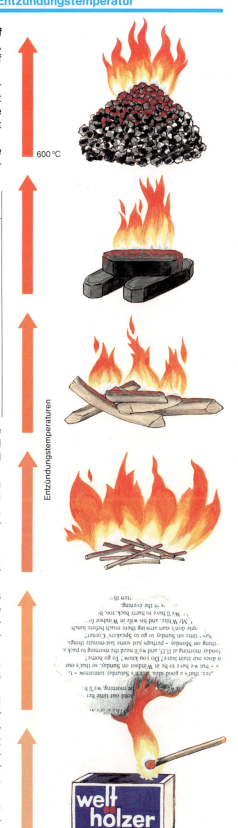

14

Aufgaben

1 Was brennt nun eigentlich, wenn du eine Kerze angezündet hast?
Beschreibe, welche Aufgabe der Docht bei der Kerze hat.

2 Die folgenden Sätze beschreiben, was beim Anzünden einer Kerze geschieht. Aber nur der erste Satz steht richtig. Wie muß die Reihenfolge lauten?
a) Am Docht befindet sich festes Wachs. Es brennt nicht.
b) Der Wachsdampf entzündet sich und beginnt zu brennen.
c) Das flüssige Wachs steigt im Docht nach oben (ähnlich wie Tinte im Löschpapier).
d) Der Wachsdampf erreicht seine Entzündungstemperatur.
e) Wenn man eine Streichholzflamme an den Docht hält, wird das Wachs erhitzt und schmilzt.
f) Das Wachs beginnt zu sieden und verdampft.

3 Lies im Anhang nach, wie man mit dem Brenner richtig umgeht. Vergleiche dann die Flammen von Brenner und Kerze.

4 Die Versuche 2 u. 6 haben etwas gemeinsam. Verwende bei deiner Erklärung den Begriff *Entzündungstemperatur*.

5 Es müssen drei Voraussetzungen erfüllt sein, damit etwas brennt. Schreibe sie auf.

6 Hier ist eine alte Pfadfinderaufgabe: Du hast nur drei Streichhölzer und sollst ein Lagerfeuer machen. Beschreibe, wie du vorgehst.

7 Beim Gas genügt der kleine Funke eines Gasanzünders, um es zu entzünden.
Könntest du auch eine Kerze mit einem Gasanzünder entzünden? Begründe deine Antwort.

8 Manche Stoffe dürfen nur in heißem Wasser oder Sand erhitzt werden. Welche Stoffe könnten das deiner Meinung nach sein?

Aus Umwelt und Technik: **Von Selbstentzündungen und Staubexplosionen**

Scheune ausgebrannt

Am vergangenen Donnerstag brannte eine Scheune in Bayerbach innerhalb kurzer Zeit bis auf die Grundmauern nieder. Das gesamte Heu der letzten Ernte wurde in wenigen Minuten ein Raub der Flammen. Die herbeigerufene Feuerwehr konnte nichts mehr retten.

Einige Brandschutzexperten vermuten, daß zu feucht eingelagertes Heu sich selbst entzündet hat. Brandstiftung erscheint ausgeschlossen.

Zu feucht eingelagertes Heu entzündet sich leicht von selbst. Eine solche **Selbstentzündung** kommt daher, daß auf feuchtem Heu Bakterien und Schimmelpilze ideale Lebensbedingungen finden.

Solche Kleinstlebewesen atmen auch. Die Vorgänge, die dabei ablaufen, sind den Verbrennungsvorgängen ähnlich: Es entsteht Wärme.

Aus dicht gepacktem Heu kann diese Wärme nicht abgeführt werden. Die Temperatur steigt immer weiter an. Schließlich wird die Entzündungstemperatur des Heues erreicht (Bild 1).

In trockenem Heu kann das nicht passieren. Bei Trockenheit stellen nämlich Bakterien und Schimmelpilze ihre Lebensvorgänge ein. So entsteht auch keine Wärme.

Für die Selbstentzündung gibt es weitere Beispiele:

Frisch eingelagertes Getreide muß „umgeschaufelt" werden, wenn es vorher nicht ganz trocken war.

Bei Kohle, die zu Halden aufgehäuft wurde, können kleinste Kohleteilchen mit dem Sauerstoff der Luft reagieren; dabei entsteht Wärme. Kohlehalden werden deshalb ab und zu mit Wasser besprüht.

Auch Bratfett entzündet sich bei hoher Temperatur von selbst – sogar auf dem Elektroherd (Bild 2).

Sechs Tote bei Staubexplosion

Bei einer Aluminiumstaub-Explosion in einer Metallschleiferei in Velbert (Rheinland) sind am Mittwochnachmittag sechs Menschen getötet und zwei verletzt worden.

Die Ursache des Unglücks war am Nachmittag noch ungeklärt.

Erst am 6. Februar dieses Jahres waren in Bremen bei einer Mehlstaub-Explosion in einer Getreidemühle 14 Menschen ums Leben gekommen.

Stoffe in fein zerteilter Form – so zum Beispiel trockener Staub von Mehl, Holz, Kohle oder einigen Metallen – können sehr heftig mit dem Sauerstoff aus der Luft reagieren.

Für solche **Staubexplosionen** genügt die Flamme eines Feuerzeugs oder der Funke eines Schalters.

Bild 3 zeigt einen dazu passenden **Lehrerversuch**.

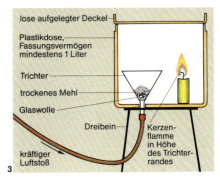

Aus der Geschichte: **Autofahren mit Holzgas**

Wenn Holz verschwelt, entsteht nicht nur Holzkohle. Es entweichen dabei auch brennbare **Schwelgase**. Wenn diese Gase aufgefangen und verbrannt werden, kann man damit sogar Automotoren antreiben!

In Zeiten, in denen das Benzin knapp war (z. B. während des zweiten Weltkrieges und kurz danach), fuhren viele Autos auf unseren Straßen mit **Holzgasantrieb**. Jedes dieser Autos hatte einen Anbau mit einem eigenen Holzschwelofen. In regelmäßigen Abständen mußte er mit kleinen Holzstückchen gefüllt werden (Bild 4). Große Wagen wurden mit Holzscheiten „gefüttert".

Die Schwelgase wurden durch einen Filter gereinigt und dem Motor zugeführt. Weil die Filter nicht alle Verunreinigungen zurückhalten konnten, verschmutzten die Motoren schnell und mußten immer wieder mühsam gereinigt werden.

Sobald es genug preiswertes Benzin gab, verschwanden die Autos mit Holzgasantrieb von den Straßen.

Heute versuchen Wissenschaftler, das Verfahren des Holzverschwelens weiterzuentwickeln. Benzin ist zwar nicht knapp, aber teuer. Vielleicht rollen in gar nicht allzu langer Zeit wieder Autos mit Holzgasantrieb über unsere Straßen ...

2 Über die Verhütung und Bekämpfung von Bränden

5 6 7

Drei unterschiedliche Löschmethoden – eine fehlt …

V 7 *(Lehrerversuch)* Auf einer feuerfesten Unterlage steht eine kleine Metallschale (oder ein Blechdeckel). Darin brennt etwas Reinigungsbenzin F.
Überlege dir eine Möglichkeit, wie man das Benzin ganz einfach löschen könnte.

V 8 *(Lehrerversuch)* In einer kleinen Metallschale wird wenig Bratfett erhitzt. Wenn die Entzündungstemperatur erreicht ist, beginnt es zu brennen.
Wie könnte man es löschen? Man darf dafür *auf gar keinen Fall* Wasser nehmen!

Die Bekämpfung von Bränden

Du kennst bereits die **drei Voraussetzungen**, die erfüllt sein müssen, wenn etwas brennen soll. Unter den gleichen Voraussetzungen entstehen Brände und breiten sich aus.

Beim Löschen versucht die Feuerwehr, dem Feuer mindestens eine der drei Voraussetzungen zum Brennen zu **entziehen**. Es gibt daher **drei Methoden, einen Brand zu bekämpfen**. Wenn möglich, werden alle drei Methoden gleichzeitig angewandt.

1 Dem Feuer wird die „Nahrung" entzogen: Alles erreichbare Material wird vom Brandherd weggeschafft.

2 Die brennenden Stoffe werden bis unter ihre Entzündungstemperatur abgekühlt.
Dazu wird meistens kaltes Wasser in die Flammen gespritzt. Brände von feuergefährlichen Flüssigkeiten oder elektrischen Anlagen dürfen jedoch nicht mit Wasser gelöscht werden!

3 Man verhindert, daß frische Luft an das Feuer herankommt. Oft werden Schaumlöscher eingesetzt. Der Schaum deckt den Brandherd luftdicht ab. Einen kleinen Brand kann man auch mit Decken, Sand oder Erde ersticken.

Aufgaben

1 Es gibt Vorschriften über das Verhalten bei Bränden in der Schule. Was mußt *du* bei einem Brand tun?

2 Versuche, zu den drei Löschmethoden Beispiele zu finden.

3 Sieh dir die Fotos oben auf dieser Seite noch einmal an. Nach welcher Methode wird jeweils gelöscht?

4 Ordne die folgenden Regeln nach Brand*verhütung* und *-bekämpfung*. Gib bei der Brandbekämpfung an, was jeweils erreicht werden soll:

a) In Hochhäusern muß zwischen Treppenhaus und Fluren eine dicht schließende Tür eingebaut sein!

b) Türen und Fenster von Räumen, in denen es brennt, nicht öffnen!

c) In Garagen, in Autowerkstätten und an Tankstellen sind das Rauchen und der Gebrauch von offenem Feuer verboten!

d) Brennbare Flüssigkeiten niemals als Feueranzünder benutzen!

e) Brände feuergefährlicher Flüssigkeiten nicht mit Wasser bekämpfen!

f) Für Brände in elektrischen Anlagen nur Spezialfeuerlöscher ohne Wasser benutzen!

g) Im Chemieraum außer dem Feuerlöscher einen Kasten mit Sand und eine Löschdecke bereithalten!

h) Personen mit brennenden Kleidern nicht weglaufen lassen! Schnell in etwas einwickeln (Decke)!

i) Heiße Bügeleisen in Arbeitspausen auf eine feuerfeste Unterlage stellen!

k) Keine heiße Asche in Mülleimer aus Kunststoff werfen!

Aus Umwelt und Technik: Brandbekämpfung mit Sprinkleranlagen

Immer wieder hört oder liest man von **Großbränden**. Millionenwerte gehen in Flammen auf, und – was noch viel schlimmer ist – oft kommen dabei Menschen ums Leben oder werden verletzt.

Um Großbrände einzuschränken, verwendet man häufig **automatische Sprinkleranlagen** (engl. *to sprinkle*: versprühen). Sie werden seit ein paar Jahrzehnten überall dort eingebaut, wo sich viele Menschen aufhalten oder wo wertvolle Maschinen und Lagergüter untergebracht sind.

Die Sprinkleranlagen funktionieren ganz einfach: Ein Wasserrohrnetz durchzieht die Räume, die geschützt werden sollen. In regelmäßigen Abständen sitzen die **Sprinkler** an diesem Rohrnetz (Bild 1).

Jeder Sprinkler ist mit einem kleinen Glasfäßchen verschlossen, das mit einer Flüssigkeit gefüllt ist (Bild 2). Wenn ein Feuer ausbricht, dehnt sich durch die Wärme die Flüssigkeit aus

(das weißt du sicherlich bereits aus der *Wärmelehre*).

Bei einer Raumtemperatur von z.B. 70 °C platzt das Glasfäßchen, und das Rohrnetz wird an dieser Stelle geöffnet. Der ausströmende Wasserstrahl wird in einem Umkreis von mehreren Metern gleichmäßig versprüht.

Da sich jeder Sprinkler unabhängig von den anderen öffnen kann, wird nur dort Wasser versprüht, wo es brennt. Das Feuer wird an der Ausbreitung gehindert und oft schon gelöscht, bevor die Feuerwehr an der Brandstelle ist.

Es gibt recht verschiedene Sprinkler (Bild 2): Die Glasfäßchen enthalten unterschiedliche Flüssigkeiten, die bei bestimmten höheren Temperaturen das Glas sprengen. Andere Sprinkler sind mit einem Metallstück verschlossen, das im Feuer schmilzt. Es gibt auch Anlagen, die anstelle von Wasser mit Schaum oder mit Kohlenstoffdioxid löschen.

Und so sieht es aus, wenn ein Sprinkler zu sprühen beginnt:
Die Sprengflüssigkeit im Glasfäßchen dehnt sich infolge der Erwärmung aus (Bild 3).
Das Glasfäßchen wird durch diese Ausdehnung gesprengt (Bild 4).
So wird das dahinterliegende Wasserrohr geöffnet (Bild 5).
Das Löschwasser strömt in dickem Strahl heraus (Bild 6).

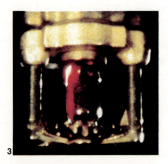 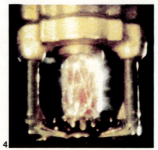 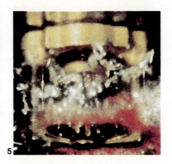 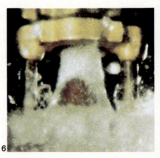

Aus Umwelt und Technik: Ist Wasser immer das richtige Löschmittel?

Ein Lkw, der Chemikalien transportiert, ist verunglückt (Bild 7). Welche Auswirkungen kann das haben?

Die schnell herbeigerufene Feuerwehr weiß zunächst nicht: Besteht Explosionsgefahr? Können giftige oder ätzende Flüssigkeiten auslaufen? Wie würde die Chemikalie mit Wasser reagieren?

Das orangefarbene Schild, das vorne und hinten am Lkw angebracht ist, gibt Auskunft über die Ladung des Fahrzeugs. Ein Feuerwehrmann sieht im **Gefahrgut-Schlüssel** nach – dann weiß er, was zu tun ist ...

Vielleicht sind dir schon einmal Fahrzeuge mit solchen orangefarbenen Warnschildern aufgefallen. Die Ziffern auf den Schildern geben den Namen des transportierten Stoffes an; sie sagen auch etwas über die Gefährlichkeit aus (Bild 8).

Jeder chemische Stoff, der mit der Bahn oder auf der Straße transportiert wird, hat eine Nummer. Alle Nummern sind im Gefahrgut-Schlüssel gesammelt; das ist ein kleines handliches Buch.

Wenn man nun wissen will, welcher Stoff in einem Fahrzeug transportiert wird, schlägt man die Nummer zur Kennzeichnung des Stoffes im Gefahrgut-Schlüssel auf (→ *Auszug aus dem Gefahrgut-Schlüssel*, Bild 8). Dort findet man den Namen des Stoffes sowie Hinweise auf seine Eigenschaften. Außerdem kann man nachlesen, welche Maßnahmen bei einem Schadens- oder Brandfall getroffen werden müssen.

Der Gefahrgut-Schlüssel ist deswegen für Feuerwehrleute, Polizeibeamte und Einsatzkräfte der Notfalldienste eine wichtige Arbeitshilfe. Er soll verhindern helfen, daß bei einem Unfall durch Chemikalien der entstandene Schaden durch falsches Verhalten noch vergrößert wird.

Fragen und Aufgaben zum Text

1 Lies noch einmal die Überschrift zu dieser Seite. Wie beantwortest du die Frage jetzt? Begründe deine Antwort.

2 Hier geht es um den Unfall von Bild 1.
a) Womit ist das Fahrzeug beladen?
b) Welche Gefahren drohen hier?
c) Was wird die Feuerwehr deiner Meinung nach unternehmen?

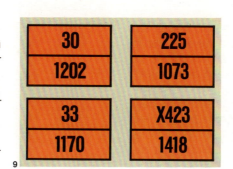

3 Es kann jedem von uns passieren, daß er Zeuge eines Unfalls mit einem Chemikalientransporter wird und dann schnell handeln muß.

Wie verhältst du dich in einem solchen Fall richtig? (Nimm als Beispiel den Unfall von Bild 7.)

4 Versuche, die vier Warnschilder von Bild 9 richtig zu „lesen". Der *Auszug aus dem Gefahrgut-Schlüssel* in Bild 8 kann dir dabei helfen.

3 Kohlenstoffdioxid bei der Brandbekämpfung

Explosion in einer Fettpfanne

Zwei Jungen im Alter von elf und fünfzehn Jahren lösten gestern bei der Zubereitung von Pommes frites eine Fettexplosion aus, die erhebliche Schäden anrichtete. Zur Explosion kam es, als die Jungen brennendes Fett mit Wasser löschen wollten. Eine Druckwelle ließ Decken und Wände einreißen. Auch die darüber und darunter liegenden Wohnungen wurden in Mitleidenschaft gezogen. Die Jungen blieben unverletzt.

Wie werden Brände der Brandklasse gelöscht, zu der Fett gehört?

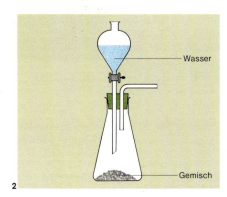

Brandklassenschema	A	B	C	D
Folgende Löschmittel sind zugelassen:	Brände fester Stoffe, die normalerweise unter Glutbildung verbrennen; z.B. Holz, Papier, Stroh, Kohle, Textilien, Autoreifen	Brände von flüssigen (flüssig werdenden) Stoffen; z.B. Benzin, Öle, Fette, Lacke, Harze, Wachse, Teer, Ether, Alkohole, Kunststoffe	Brände von Gasen; z.B. Methan, Propan, Wasserstoff, Acetylen, Stadtgas	Brände von Metallen; z.B. Aluminium, Magnesium, Lithium, Natrium, Kalium, und deren Legierungen
ABC-Löschpulver	■	■	■	
D-Löschpulver				■
Wasser	■			
Schaum	■	■		
Kohlenstoffdioxid		■		

1

Bauanleitung: Ein einfacher Schaumlöscher

Du brauchst:

1 Erlenmeyerkolben (300 ml),
1 doppelt durchbohrten Stopfen,
1 Scheidetrichter,
1 rechtwinklig gebogenes Glasrohr,
3 Spatellöffel Natriumhydrogencarbonat,
2 Spatellöffel Weinsäure (kristallisiert),
1 Spatellöffel Saponin (oder Spülmittel),
Schutzbrille.

So wird's gemacht:

Zunächst werden die Chemikalien gründlich miteinander vermischt und in den Erlenmeyerkolben gefüllt. Dann bauen wir die Geräte nach Bild 2 zusammen.

Nun schütten wir Wasser in den Scheidetrichter. Der Hahn am Trichter muß dabei geschlossen sein!

Sobald wir Wasser in den Kolben fließen lassen, entwickelt sich Kohlenstoffdioxid. Es bildet mit dem saponinhaltigen Wasser einen dichten Schaum, der aus dem Winkelrohr austritt.

Aus Umwelt und Technik: Feuerlöscher

Wie du aus dem Brandklassenschema (Bild 1) ablesen kannst, ist Wasser zum Löschen nur für Brände der Klasse A geeignet. Da durch die Flüssigkeit oft ein zusätzlicher, hoher Schaden entsteht, werden heute für kleinere Brände fast nur noch **Pulverlöscher** (Bild 3) verwendet.

Als Löschmittel dient häufig ein sehr feines Pulver, das die brennenden Stoffe ganz abdeckt. In der Hitze zersetzt es sich außerdem; dabei wird Kohlenstoffdioxid frei, das die Flammen erstickt. Um das Pulver aus dem Löscher herauszutreiben, befindet sich innen ein Druckbehälter mit Kohlenstoffdioxid.

Diese Feuerlöscher (sog. Trockenlöscher) lassen sich abstellen; man kann also z. B. mit kurzen Pulverstößen löschen. Reste kann man jedoch nicht aufheben; die Löscher verlieren innerhalb weniger Stunden den „Druck".

Für Brände der Klasse B werden **Kohlenstoffdioxidlöscher** (Bild 4) verwendet. (Eine alte Bezeichnung dafür ist *Kohlendioxidlöscher*.) In der Stahlflasche befindet sich Kohlenstoffdioxid unter hohem Druck. Wenn der Löscher betätigt wird, strömt das Gas aus. Dabei bildet sich zum Teil weißer Kohlenstoffdioxid-Schnee.

Da Kohlenstoffdioxid keine Rückstände hinterläßt und den elektrischen Strom nicht leitet, werden solche Löscher häufig bei Bränden in elektrischen Schaltanlagen, bei wertvollen Maschinen oder Computern eingesetzt.

Bei Bränden der Klasse D darf nur ein **Spezialpulver** zum Löschen verwendet werden (Bild 5). Wasser, Kohlenstoffdioxid und andere Löschpulver können nämlich sehr heftig (zum Teil explosionsartig) mit brennenden Metallen reagieren.

Alles klar?

1 Wenn du Daumen und Zeigefinger anfeuchtest, kannst du damit eine Kerzenflamme löschen, ohne dich zu verbrennen. Wie ist das möglich?

2 Dies ist ein zweckmäßiges Gerät, mit dem man Kerzen löschen kann. Wie funktioniert es?

3 Harry Schlaumeier behauptet: „Ich kann eine Kerzenflamme auslöschen, ohne sie auszublasen oder zu berühren." Schafft er das wirklich?

4 Ein Benzinfeuerzeug hat einen Feuerstein. Damit läßt sich ein Funke erzeugen, der das Benzin entzündet. Warum ließ sich das Petroleum in den alten Petroleumlampen nicht auch so entzünden?

5 Holz kann verbrennen oder verschwelen. Worin besteht der Unterschied?

6 Manche Gefäße (z. B. für Farben, Lacke, Lösemittel) tragen dieses Gefahrensymbol. Welche Eigenschaft hat also der Inhalt?

7 Oft sagt man: „Das *Feuer* brennt." – Was meinst du dazu, nachdem du jetzt mehr darüber weißt?

8 Die Feuerversicherung für ein Haus mit Strohdach ist viel teurer als für ein Haus mit Ziegeldach. Warum nimmt die Versicherung eine höhere Brandgefahr beim Strohdach an?

9 Im Kunstunterricht erhitzte die „Batikgruppe" Wachs in einem Gefäß auf einer *elektrischen* Kochplatte. Dabei entstand ein gefährlicher Zimmerbrand. Wie konnte das geschehen?

4 Zusammenfassung

Was brennt in einer Flamme?

Das **feste Kerzenwachs** brennt nicht. Wenn man es im Tiegel erhitzt, wird es flüssig.

Das **flüssige Wachs** brennt auch nicht. Wenn man es weiter erhitzt, siedet es und wird gasförmig.

Erst der **Wachsdampf** entzündet sich – und zwar dann, wenn seine Entzündungstemperatur erreicht wird und der Dampf zusätzlich mit Luft in Berührung kommt.

Der **Docht** der Kerze sorgt dafür, daß das flüssige Wachs nach oben steigt und zur Kerzenflamme gelangt. Der Docht allein würde sehr schnell verglühen.

Was für Kerzenwachs gilt, trifft auch für viele andere Brennstoffe zu: Ein brennbarer Stoff (z. B. Holz, Kohle, Heizöl) wird erhitzt und bildet Dämpfe. Bei Erreichen der Entzündungstemperatur beginnen sie zu brennen.

*Flammen sind brennende **Gase**.*

Wann brennt etwas – wann erlischt ein Feuer?

Drei **Voraussetzungen** müssen erfüllt sein, damit etwas brennt:	Daraus ergeben sich drei **Löschmethoden**:
1. Ein brennbarer Stoff muß vorhanden sein. **und** **2.** Die Entzündungstemperatur des Stoffes muß erreicht sein. **und** **3.** Es muß Luft (Sauerstoff) an das Feuer herankommen.	**1.** Alle brennbaren Stoffe müssen vom Brandherd entfernt werden. **oder** **2.** Die brennenden Stoffe müssen bis unter die Entzündungstemperatur abgekühlt werden. **oder** **3.** Man muß dafür sorgen, daß keine Luft an das Feuer herankommen kann. Es muß erstickt werden.

Metalle reagieren mit Sauerstoff

1 Können auch Metalle verbrennen?

Das geht doch nicht mit rechten Dingen zu:
Eine **Brandschutztür aus Eisen,** damit sich ein Feuer nicht ausbreiten kann.
Und:
Eisenwolle läßt sich leicht entzünden;
sie brennt sogar heftig, sobald man etwas Luft hineinbläst!

V 1 Unter welchen Bedingungen brennt Eisen überhaupt?

a) Halte zunächst ein Stückchen blankes Eisen*blech* mit der Zange in die Brennerflamme (Bild 3). Vergleiche anschließend das Eisen vor und nach dem Erhitzen.

b) Ersetze nun das Blech durch ein kleines Bündel Eisen*wolle* (Stahlwolle). Halte das Bündel nur kurz mit seinem Rand in die Brennerflamme. Blase dann mit einem Röhrchen Luft hinzu (Bild 2). (Schutzbrille und feuerfeste Unterlage verwenden!)

c) Blase nun vorsichtig etwas Eisen*pulver* durch die Brennerflamme hindurch (Bild 4). (Weiterhin Schutzbrille und feuerfeste Unterlage benutzen!)

d) Vergleiche, wie sich Eisenblech, Eisenwolle und Eisenpulver in der Flamme verhalten. Erkläre das Versuchsergebnis; verwende dabei den Begriff *Zerteilungsgrad*.

V 2 Was wird die Waage anzeigen (Bild 5)? Überlege dir eine Erklärung für das Ergebnis.

V 3 Hier wird Eisenwolle in einem schwer schmelzbaren Reagenzglas verbrannt (Bild 6).

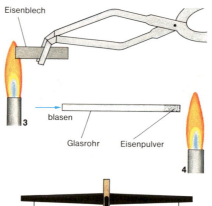
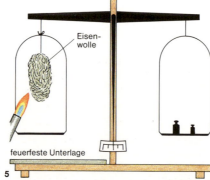
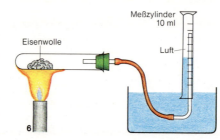

Was wird deiner Meinung nach mit der Luft in dem umgestülpten Meßzylinder geschehen?

V 4 Ein Bündel glühender Eisenwolle soll zuerst in ein Glas mit Luft, dann in ein Glas mit reinem Sauerstoff getaucht werden. Überlege zunächst, ob du dabei unterschiedliche Ergebnisse erhältst.

V 5 Nun untersuchen wir, ob auch andere Metalle brennen. Vergleiche jedesmal die Eigenschaften (z.B. Farbe, Oberfläche, Biegsamkeit, elektrisches Leitvermögen) der Stoffe vor und nach dem Verbrennen. Fertige eine Tabelle an.

a) Zunächst werden ein paar Stückchen Zink in einem Löffel (Metallschale) aus Stahl kräftig erhitzt.

b) Genauso wird etwas Blei erhitzt. (Entstehende Dämpfe nicht einatmen! Raum gut lüften!)

c) Halte nun ein Stückchen *Magnesium*band mit der Tiegelzange in die Brennerflamme. Vorsicht, sieh dabei nicht direkt in die Flamme! Das helle Licht ist schädlich für die Augen.

d) Diesmal hältst du ein Stück *Kupfer*blech in die Brennerflamme.

Wir betrachten den Verbrennungsvorgang genauer

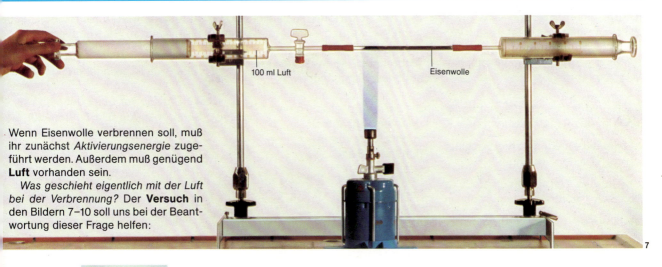

Wenn Eisenwolle verbrennen soll, muß ihr zunächst *Aktivierungsenergie* zugeführt werden. Außerdem muß genügend **Luft** vorhanden sein.

Was geschieht eigentlich mit der Luft bei der Verbrennung? Der **Versuch** in den Bildern 7–10 soll uns bei der Beantwortung dieser Frage helfen:

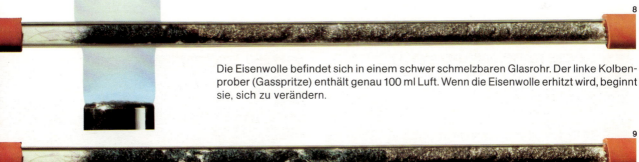

Die Eisenwolle befindet sich in einem schwer schmelzbaren Glasrohr. Der linke Kolbenprober (Gasspritze) enthält genau 100 ml Luft. Wenn die Eisenwolle erhitzt wird, beginnt sie, sich zu verändern.

Die erhitzte Eisenwolle wird langsam dunkler, sobald man die Luft aus dem Kolbenprober über die Eisenwolle drückt. Das geschieht auch weiter, wenn man den Brenner zur Seite gestellt hat.

Nachdem die Luft mehrmals über der Eisenwolle hin- und hergeschoben wurde, verändert sich die restliche Eisenwolle nicht mehr. Diese noch unverbrannte Eisenwolle läßt sich auch mit dem Brenner nicht zur Verbrennung anregen.

Im Kolbenprober sind nur noch 80 ml *Restluft* übriggeblieben; 20 ml der Luft sind verschwunden.

Das erinnert uns an die Zusammensetzung der Luft (→ Tabelle im Anhang): 100 ml Luft enthalten etwa 20 ml Sauerstoff! Genau dieser Anteil ist bei der Verbrennung verbraucht worden.

Wo ist nun der Sauerstoff geblieben?

Zwischen dem Eisen und dem Sauerstoff ist eine **chemische Reaktion** abgelaufen. Dabei haben sich Eisen und Sauerstoff miteinander **verbunden**. Es ist ein **neuer Stoff** entstanden, das **Eisenoxid**.

Die Reaktion können wir folgendermaßen beschreiben:
Eisen + Sauerstoff → Eisenoxid.

Auch wenn andere Metalle verbrennen, verbinden sie sich mit Sauerstoff: Es entsteht immer ein **Metalloxid**. Das Metalloxid ist also das **Verbrennungsprodukt** des Metalls. Es hat immer **andere Eigenschaften** als das Metall, aus dem es entstanden ist.

Die Verbrennung ist also ein chemischer Vorgang, der unter Licht- und Wärmeabgabe erfolgt. Meistens verbindet sich dabei ein Stoff mit Sauerstoff; dann nennt man diesen Vorgang eine **Oxidation**. (Der Begriff wurde aus dem lateinischen Namen für Sauerstoff, *oxygenium,* abgeleitet.) Dabei entsteht ein **Oxid**.

Jede Oxidation ist ein Vorgang, bei dem Wärmeenergie frei wird. Die allgemeine Wortgleichung für die Oxidation von Metallen lautet deshalb:

Metall + Sauerstoff → Metalloxid (+ Wärme).

Aufgaben

1 Bei einem **Versuch** wird etwas Zink verbrannt. Das entstehende Verbrennungsprodukt ist um 3 g schwerer als das Zink vor dem Verbrennen. Wie kommt das?

2 Hier geht es um neue Begriffe und um das Reaktionsschema:

a) Nenne den chemischen Fachausdruck für eine Verbrennung.

b) Gib die Verbrennungsprodukte von Zink, Kupfer und Magnesium an.

c) Schreibe für die Verbrennungsvorgänge auch das jeweilige Reaktionsschema auf.

d) Erhältst du unterschiedliche Ergebnisse, wenn die drei Metalle einmal in Luft und einmal in Sauerstoff verbrennen? Mußt du dazu das Reaktionsschema ändern?

3 Betrachte noch einmal den Versuchsaufbau in Bild 7 der vorhergehenden Seite.

a) Ob man den Sauerstoffverbrauch dabei auch mit einem einzigen Kolbenprober messen könnte?

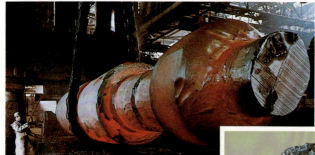

b) Erkläre, warum nicht die *gesamte* Eisenwolle im Glasrohr verbrennt.

c) Was wird mit der im Bild 1 abgebildeten Kerze geschehen?

4 Stell dir vor, einer der beiden Kolbenprober von Bild 7 (Vorseite) wird mit reinem Sauerstoff gefüllt. Wie würde der **Versuch** dann ablaufen?

a) Wieviel „Restluft" würde übrigbleiben?

b) 100 ml Sauerstoff wiegen 0,13 g. Um wieviel Gramm ist das Eisenoxid schwerer als das Eisen vor dem Verbrennen?

Aus Umwelt und Technik: Schmieden und Schneiden von Eisen

Auf den Bildern 2 u. 3 wird jedesmal ein Eisenstück geschmiedet. Das Eisen muß rotglühend sein, sonst läßt es sich nicht verformen.

Doch nicht das Eisenstück selbst soll uns hier näher interessieren, sondern das, was rundherum am Boden liegt: der **Hammerschlag** (Bild 4).

Der Name ist dir in dieser Bedeutung noch unbekannt, aber den Stoff selbst kennst du schon: Es ist ein Verbrennungsprodukt des Eisens, also Eisenoxid. Du kannst dir sicher vorstellen, daß das Eisen oxidiert, wenn es rotglühend geschmiedet wird. Es oxidiert aber nur an der Oberfläche, wo der Sauerstoff aus der Luft hinzukommen kann.

Das Formen des Eisenstückes geschieht im Stahlwerk z. B. in den sogenannten Schmiedepressen; der Schmied formt das Eisen auf dem Amboß durch Schläge mit dem Hammer. Dabei platzt das Eisenoxid von der Oberfläche des Eisenstückes ab und fällt als Hammerschlag zu Boden.

Eisenoxid spielt eine wichtige Rolle beim Schneiden dicker Eisen- oder Stahlblöcke (Bild 5): Das Eisenstück wird zunächst an der Stelle, an der es geschnitten werden soll, bis zum Glühen erhitzt. Dann bläst man reinen Sauerstoff auf die glühende Stelle. Die Folge ist: Das Eisen verbrennt, und das Eisenoxid wird weggeschleudert. So entsteht ein schmaler Spalt, der schließlich das Eisenstück zerteilt. Auf diese Weise kann man sogar mehrere Meter dicke Eisenblöcke zerschneiden.

Aus Umwelt und Technik: **Wunderkerzen und Magnesiumfackeln**

Wunderkerzen (Bild 6) sind nicht nur zur Weihnachtszeit sehr beliebt. Weißt du eigentlich, daß sie zum größten Teil aus *Metall* bestehen (→ Bauanleitung unten)?

Die hellen „Sterne" der Wunderkerze entstehen, wenn die winzigen Aluminium- und Eisenkörnchen mit hoher Temperatur blitzartig verbrennen. Das Bariumnitrat liefert dazu den nötigen Sauerstoff. Die Stärke ist nur als Bindemittel da, das die übrigen Bestandteile zusammenhält.

Mit Hilfe der Bauanleitung kannst du dir Wunderkerzen selbst herstellen. Du mußt dabei jedoch folgende Hinweise beachten: Wenn man Bariumnitrat einatmet oder verschluckt, ist es gesundheitsschädlich! Daher vorsichtig damit umgehen; Schutzbrille und Schutzhandschuhe tragen! Diese Wunderkerzen nicht in geschlossenen Räumen abbrennen!

Von Volksfesten oder Umzügen am Abend kennst du sicherlich die langen Fackeln, deren oberes Ende mit offener Flamme brennt. Wenn diese Fackeln besonders hell leuchten, sind es meist **Magnesiumfackeln**.

Das Besondere an den Magnesiumfackeln ist, daß sie auch brennen, wenn sie nicht von Luft umgeben sind. Der zum Brennen notwendige Sauerstoff wird von einem Stoff geliefert, der schon mit dem Magnesium vermischt ist. Deshalb können Magnesiumfackeln sogar *unter Wasser* brennen (Bild 7).

Bauanleitung:
10 Wunderkerzen selbst gemacht

Du brauchst dazu:

11 g Bariumnitratpulver,
1 g Aluminiumpulver,
5 g grobes Eisenpulver,
3 g Stärke,
10 dünne Eisenstäbe (z. B. Stahlstricknadeln, alte Fahrradspeichen, Stücke von dickem Blumendraht).

So wird's gemacht:

Zunächst werden die Zutaten in einem Becher gut miteinander vermischt. Dann gibst du ein wenig kochendes Wasser hinzu und verrührst alles zu einem steifen Brei. Damit überziehst du die Eisenstäbe gut zur Hälfte.

Nachdem du deine Wunderkerzen auf der Heizung gut getrocknet hast, kannst du sie anzünden.

Metalle reagieren mit Sauerstoff

Aus Umwelt und Technik: **Metalloxide gestalten unsere Umwelt farbig**

1

Vielleicht hast du schon einmal einen Töpferkurs besucht: Zuerst werden aus Ton die verschiedensten Gefäße und Figuren geformt; dann erhalten einige Stücke eine Glasur. Diese glasierten Gegenstände leuchten nach dem Brennen in den schönsten Farben (Bild 1).

Die Glasuren sind – wie das Wort schon sagt – *glas*ähnliche Überzüge, die auf die Gegenstände aufgeschmolzen werden. Das geschieht in Brennöfen bei Temperaturen von über 1000 °C. Für farbige Glasuren braucht man Farbstoffe, die diese hohen Temperaturen auch aushalten – und das sind ganz bestimmte Metalloxide (Bild 2).

2

Ein farbiges Metalloxid kennst du vielleicht schon: Es ist die orangerote *Bleimennige* – ein Bleioxid, das zur Herstellung von Rostschutzfarbe verwendet wurde.

Die folgende Übersicht zeigt, welche Farben man mit den verschiedenen Metalloxiden erzeugen kann. Durch Mischen der Metalloxide untereinander kann man verschiedene Farben und Farbtöne erreichen.

Metalloxid	Farbe
Eisenoxid	rot, braun
Bleioxid	violett
Cobaltoxid	cobaltblau
Chromoxid	grün
Manganoxid	braun

Glasuren mit Metalloxiden werden nicht nur zum Verzieren selbstgetöpferter Gegenstände verwendet. In der Industrie stellt man auf ganz ähnliche Weise farbiges Porzellan (Bilder 3 u. 4) her. Auch kunstvolle Keramiken, Kacheln und Gläser werden mit Metalloxiden gefärbt.

Einige Metalloxide sind jedoch giftig. Besondere Vorsicht ist geboten, wenn man Keramikgefäße benutzt, deren Glasuren *Bleioxide* enthalten. Solche Gefäße sollten nicht mit Lebensmitteln in Berührung kommen.

Bei uns werden meist ungiftige Metalloxide zum Glasieren von Gebrauchsgegenständen verwendet. Diese Gefäße tragen einen entsprechenden Hinweis: z. B. *lebensmittelgeeignet*. Bei im Ausland gekauften, billigen Keramikgefäßen ist jedoch die Gefahr groß, daß die Glasuren giftige Metalloxide enthalten.

3

4

2 Metalle verändern sich an der Luft

An dem alten Wohnhaus von Bild 5 mußte ein Teil des Daches erneuert werden. Konnte man da nicht etwas anderes nehmen als ausgerechnet *Kupfer*?! Das paßt ja gar nicht zu den alten, grünen Teilen des Daches! ... So denkst du vielleicht auch. Aber das Kupfer „paßt" doch! Auch die grünen Teile waren einst blankes Kupfer!

V 6 Unsere 1-Pf- und 2-Pf-Münzen sind mit einer Schicht aus *Kupfer* überzogen. Vergleiche alte und neue Münzen miteinander – und mit dem Kupfer in Bild 5.

Gelingt es dir, eine alte Münze mit feinem Sandpapier wieder blankzuschmirgeln?

V 7 Reibe ein altes *Aluminium*gefäß oder ein Stück Aluminiumblech an einer Stelle ebenfalls mit feinem Sandpapier ab.

Kannst du danach einen Unterschied erkennen?

V 8 Von einem Stück *Blei* wird mit einem scharfen Messer ein kleiner Streifen abgeschnitten. Vergleiche die frische Schnittfläche mit der Oberfläche des Bleistückes.

V 9 Baue den Versuch so auf, wie es Bild 6 zeigt.

Hat sich die *Eisenwolle* nach ein paar Tagen verändert?

Beobachte dabei auch den Wasserspiegel.

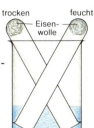

Edle und unedle Metalle

Viele Metalle zeigen ein **großes Bestreben, sich mit Sauerstoff zu Oxiden zu verbinden.** Sie reagieren daher schon mit dem Sauerstoff aus der Luft, ohne erhitzt zu werden. Dabei überziehen sie sich mit einer Oxidschicht.

Diesen Vorgang nennt man **langsame** oder **stille Oxidation.** Sie läuft ohne Flammenerscheinung ab.

Das Bestreben, sich mit Sauerstoff zu verbinden, ist bei den verschiedenen Metallen unterschiedlich groß. Das kann man in einem **Versuch** beobachten, bei dem man verschiedene Metallpulver auf einer feuerfesten Unterlage erhitzt und mit einem Röhrchen Luft hineinbläst.

Je heller das Metall in der Flamme leuchtet (→ Übersicht), desto größer ist sein Bestreben, sich mit Sauerstoff zu verbinden – desto **unedler** ist das Metall.

Metalle in der Brennerflamme

Metall	Leuchterscheinung
Aluminium	hellweiß
Eisen	rotgelb
Kupfer	dunkelrot, solange man erhitzt
Magnesium	grellweiß
Silber	keine, denn das Metall schmilzt nur
Zink	gelbweiß

Umgekehrt sagt man: Je **edler** ein Metall ist, desto geringer ist sein Bestreben, sich mit Sauerstoff zu verbinden. Das gilt sowohl für die Oxidation in der Brennerflamme als auch für die langsame (stille) Oxidation an der Luft.

Wenn man die Metalle in ihrem Verhalten gegenüber dem Sauerstoff vergleicht, kann man eine **Reihe der Metalle** bilden (Bild 7).

Metalle, die weder in der Brennerflamme noch an der Luft oxidieren, bezeichnet man als **Edelmetalle.** Dies sind die einzigen Metalle, die man in der Natur finden kann; von allen übrigen Metallen gibt es dort nur chemische Verbindungen.

| Magnesium | Aluminium | Zink | Eisen | Kupfer | Silber | Gold | Platin |

7 unedel → edel

Aufgaben

1 Lege eine Tabelle mit folgenden Spalten an: Name des Metalls, Aussehen, Umwelteinfluß, Aussehen des Oxids. Trage darin alle Stoffe ein, die in den Versuchen 6–9 untersucht wurden.

2 Schreibe zu den Reaktionen in den Versuchen 6–9 jeweils die Wortgleichung auf. Denke daran, daß dabei Wärme frei wird.

3 Erkläre, warum die unedlen Metalle in der Natur nicht rein, sondern nur als Verbindungen vorkommen.

4 Was haben die Verbrennung der Metalle und die stille Oxidation gemeinsam? Wodurch unterscheiden sich die beiden Vorgänge?

5 Versuche zu erklären, warum der Rost von Versuch 9 anders aussieht als das Eisenoxid, das in Versuch 3 oder 4 entstanden ist.

6 Ordne die Metalle aus der Übersicht *Metalle in der Brennerflamme* nach der Heftigkeit der Reaktion. Beginne mit der heftigsten.

Aus Umwelt und Technik: Umwelteinflüsse können Metalle zerstören

Viele Metalle sind gegenüber Umwelteinflüssen äußerst empfindlich. Wasser und Luft können sie nämlich verändern: An der Oberfläche der Metalle bilden sich Oxide. Dies kann sich vorteilhaft auswirken, aber auch sehr unerwünscht sein.

Bei Aluminium, Blei oder Kupfer ist eine Oxidbildung an der Oberfläche im allgemeinen **vorteilhaft**.

Beim Aluminium zum Beispiel wirkt die Oxidschicht wie eine Schutzhülle. Sie ist schon bei einer Dicke von nur einigen tausendstel Millimetern so fest und dicht, daß keine Luft mehr hindurchdringen kann. Dadurch wird das darunterliegende Metall vor weiterem Oxidieren geschützt.

Die Oxidschicht des Kupfers ist eigentlich schwarz; das konntest du in den Versuchen feststellen. Durch längeres Einwirken von Feuchtigkeit und chemischen Stoffen aus der Luft (z.B. Kohlenstoffdioxid oder Schadstoffe aus Industriebetrieben) entsteht jedoch an der Oberfläche des

1 Eisenoberfläche, durch die Lupe gesehen

2 Rost, durch die Lupe gesehen

Kupfers die grüne *Patina*. Sie ist aufgrund ihrer Farbe besonders beliebt.

Bei anderen Metallen wirken sich die Umwelteinflüsse jedoch **nachteilig** aus; Wasser und Luft können sie sogar zerstören.

Eisen (Bild 1) ist davon besonders betroffen: Durch das Rosten entstehen große Schäden. Alljährlich wird etwa ein Drittel des Eisens, das auf der Welt gewonnen wird, durch Rost (Bild 2) wieder vernichtet. Das sind etwa 300 Mio. t Eisen – soviel, wie in 333 Mio. Autos der Mittelklasse enthalten sind – eine unvorstellbar große Menge!

Auch der Rost ist ein Eisenoxid – aber ein anderes, als wir bisher kennengelernt haben. Nur bei der Oxidation von Eisen in *trockener* Luft entsteht das uns bekannte Eisenoxid, in *feuchter* Luft entsteht Rost. Chemiker bezeichnen den Rost deshalb als *wasserhaltiges Eisenoxid*.

Rost ist porös und bröckelig; Luft und Feuchtigkeit können die Rostschicht an der Oberfläche des Eisens durchdringen und auch das darunterliegende Eisen angreifen. Der Rostvorgang geht dann so lange weiter, bis der Gegenstand durch und durch verrostet ist.

Um das Rosten zu verhindern, muß die Oberfläche von Gegenständen aus Eisen und Stahl vor Umwelteinflüssen geschützt werden. In den Bildern 3–6 sind dazu verschiedene Möglichkeiten dargestellt.

3

4

5

6

Fragen und Aufgaben zum Text

1 Beschreibe, wie in den Bildern 3–6 Eisen vor Umwelteinflüssen geschützt wird.

2 Wieso kann man behaupten, Aluminium schütze sich selbst vor Umwelteinflüssen?

3 Viele Gegenstände (zum Beispiel Laternenpfähle, Zaunpfähle, Schrauben und Nägel) werden verzinkt, um so vor dem Rosten geschützt zu sein. Dabei ist Zink

7

doch ein unedleres Metall als Eisen! Versuche dafür eine Erklärung zu finden.

4 Bei einem **Versuch** wurde ein blankes Stück Kupferblech zu einem „Briefchen" zusammengefaltet. Dann wurde es kräftig in der Brennerflamme erhitzt.

Bild 7 zeigt, wie das „Briefchen" nach dem Abkühlen und Auseinanderfalten aussah. Wie erklärst du dieses Ergebnis?

5 Auch bei der langsamen Oxidation wird Wärme frei. Warum macht sich diese Wärme nicht bemerkbar?

Alles klar?

1 Wenn man Zink verbrennt, erhält man Zinkoxid. Das ist ein anderer Stoff als Zink. Woran kann man das erkennen?

2 Max fragt: „Was geschieht, wenn man Metall in einem luftleeren Raum stark erhitzt?" Was würdest du antworten?

3 Hier verbrennt zweimal ein Büschel Eisenwolle (Bilder 8 u. 9). In welchem Fall ist es von reinem Sauerstoff umgeben?

4 Beim Turnen an Geräten reibst du dir manchmal die Hände mit *Magnesia* ein. Das ist ein lockeres, weißes Pulver, das oft zu einem Klumpen zusammengepreßt ist. Magnesia ist ein anderer Name für Magnesiumoxid. Wie könntest du es herstellen?

5 Tina meint: „Im Winter muß ein Auto viel häufiger gewaschen werden als im Sommer."
Harry ist entschieden dagegen: „Das lohnt sich doch gar nicht bei *dem* Matsch auf den Straßen!" Was meinst du?

6 Aluminium ist ein unedleres Metall als Eisen. Trotzdem rostet Eisen, Aluminium aber nicht. (Aluminium wird deshalb gern im Haushalt und beim Bauen verwendet.) Woran liegt das?

7 Wie würde reines Gold in einer Flamme reagieren?

8 Warum heißt eine bestimmte Stahlsorte *Edel*stahl?

9 Es gibt nicht nur *einen* Grund, Fahrradketten zu ölen oder zu fetten. Erkläre!

10 Vielleicht hast du schon einmal einen Blitzlichtwürfel für einen Fotoapparat gesehen. Er enthält in vier Kammern jeweils ein Büschel Magnesiumwolle.
Weshalb setzt man hier Magnesium ein und weshalb in Form von feiner Wolle?

11 Bild 10 zeigt einige alte Münzen aus mehreren Ländern.
Welche sind vermutlich aus einem Edelmetall hergestellt worden?

3 Zusammenfassung

Metalle reagieren mit Sauerstoff

Die Verbrennung ist ein chemischer Vorgang, der unter Licht- und Wärmeabgabe erfolgt; er ist also *exotherm*. Wenn sich dabei ein Stoff mit Sauerstoff verbindet, ist der Vorgang eine **Oxidation**. Es entsteht ein Oxid.

Wenn Metalle oxidieren, entstehen **Metalloxide**.

 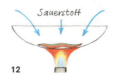 

Ein Metall wird stark erhitzt; es wird ihm also *Aktivierungsenergie* zugeführt.

Wenn das Metall heiß genug ist, verbindet es sich mit dem Sauerstoff aus der Luft.

Es entsteht ein neuer Stoff, der andere Eigenschaften hat: ein Metalloxid.

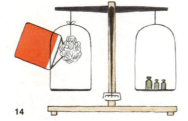

Die Masse der **Oxide** ist größer als die der jeweiligen Metalle vor der Reaktion mit Sauerstoff. Oxide haben auch sonst **andere Eigenschaften** als ihre Ausgangsstoffe.

Auch an der Luft bilden viele Metalle eine Oxidschicht.
Dieser Vorgang wird als *langsame Oxidation* oder als **stille Oxidation** bezeichnet.

Sicherheit im Chemieunterricht

1 Vom richtigen Umgang mit Gasflaschen

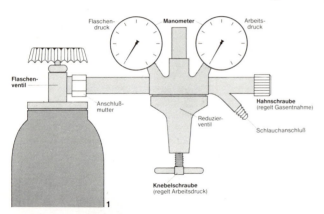

a) Öffnen der Gasflasche:

1. Flasche gegen Umfallen sichern.
2. Zuerst das Reduzierventil kontrollieren. Die Knebelschraube muß sich leicht drehen lassen! Beide Manometer müssen auf Null stehen.
3. Flaschenventil öffnen. Das linke Manometer zeigt den Flaschendruck an.
4. Knebelschraube langsam hineindrehen. Das rechte Manometer zeigt jetzt den Arbeitsdruck. Er läßt sich durch Drehen der Knebelschraube einstellen.
5. Hahnschraube öffnen. Gasentnahme mit Hahnschraube regulieren.

b) Schließen der Gasflasche:

1. Flaschenventil schließen.
2. Restgas ablassen. Hahnschraube schließen.
3. Reduzierventil schließen. Dazu Knebelschraube herausdrehen, bis sie sich locker bewegen läßt.

Achtung: Sauerstoffarmaturen dürfen nicht gefettet oder geölt werden; Explosionsgefahr!

Sauerstoff, Wasserstoff und Kohlenstoffdioxid sind an den meisten Schulen in Stahlflaschen vorhanden. Diese sind verschiedenfarbig gekennzeichnet (Wasserstoff: rot, Sauerstoff: blau, Kohlenstoffdioxid: grau).

Da die Gasflaschen unter hohem Druck stehen (bis 200 bar), wird das Gas über ein Reduzierventil entnommen. Hierbei geht man in folgender Reihenfolge vor:

2 Vom richtigen Umgang mit dem Brenner

Die Brennerflamme
Bei den meisten Brennern zum Experimentieren kann man zwei Flammen einstellen:

Die leuchtende Flamme: Das Luftloch am Brennerrohr bleibt zunächst geschlossen. Der Gashahn wird geöffnet und das ausströmende Gas am oberen Brennerrand entzündet.

Das Gas verbrennt mit gelber, leuchtender Flamme. Daher nennt man diese Flamme auch *Leuchtflamme*. Sie hat eine Temperatur von etwa 1000 °C und ist eine rußende Flamme.

Die nichtleuchtende Flamme: Während die Leuchtflamme des Brenners brennt, wird das Luftloch unten am Brenner langsam geöffnet. Durch die kleine Öffnung strömt Luft von außen in das Brennerrohr ein. Dadurch entsteht das deutlich hörbare Rauschen.

Die Luft vermischt sich in der Randzone mit dem Gas, das aus der Leitung austritt. Je weiter das Luftloch geöffnet wird, desto mehr Luft vermischt sich mit dem Gas. Das Gas verbrennt immer heftiger, und die Flamme wird immer heißer. Aus der Leuchtflamme wird eine schwach blaue *Heizflamme;* das ist eine nicht rußende Flamme.

Die Flammenzonen
An der Heizflamme kann man zwei Zonen unterscheiden: einen inneren *Kern* und einen äußeren *Mantel*.

Im Mantel kann eine Temperatur von über 1500 °C erzeugt werden; dabei ist der obere Teil der Flamme am heißesten. Im Kern befindet sich das Brenngas.

Sicherer Umgang
a) Beim *Gasbrenner* kommt das Gas aus dem städtischen Gasnetz oder aus einer großen Stahlflasche. Du mußt bei der Entnahme folgendes beachten:
○ Der Schlauch darf nicht porös oder brüchig sein.
○ Er muß fest auf dem Anschlußstutzen des Brenners sitzen.
○ Der Gasstrom muß so eingestellt werden, daß die Flamme nicht ausgeht.
○ Zum Löschen mußt du das Ventil der Gasleitung zudrehen.
○ Bei Gasgeruch im Zimmer sofort die Fenster öffnen!

b) Beim *Kartuschenbrenner* kommt das Gas aus einer kleinen, auswechselbaren Kartusche. Folgendes ist zu beachten:
○ Kartuschen sollten nur von der Lehrerin/dem Lehrer ausgetauscht werden.
○ Kartuschen nie in der Nähe offener Flammen wechseln!
○ Zwischen dem Oberteil des Brenners und der Kartusche muß unbedingt eine Dichtung liegen.
○ Die Klammern an der Kartusche dürfen nicht geöffnet werden, solange noch Gas in der Kartusche ist.
○ Der Brenner muß stets aufrecht und fest stehen, er darf nicht gekippt werden. Beim Experimentieren nicht schräg halten!
○ Zum Löschen der Flamme mußt du den Gashahn zudrehen.

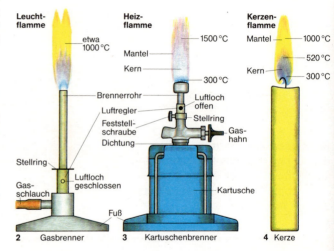

2 Gasbrenner 3 Kartuschenbrenner 4 Kerze

3 Vom richtigen Umgang mit Flüssigkeiten und Gasen

Zum Umfüllen von Chemikalien

Beim Umfüllen von Chemikalien in andere Gefäße sind folgende Regeln zu beachten:
○ Der Verschluß eines Chemikaliengefäßes (Stopfen, Schraubkappe) wird zur Vermeidung von Verunreinigungen umgekehrt auf den Tisch gelegt.
○ Beim Öffnen wird das Gefäß schräg vom Körper weg gehalten.
○ Feste Stoffe werden mit einem Spatel oder Spatellöffel entnommen.
○ Der Entnahme von Flüssigkeiten dient in der Regel eine Pipette mit Pipettierhilfe oder ein Stechheber.
○ Wenn kleine Portionen einer Flüssigkeit aus einer Standflasche in ein Reagenzglas geschüttet werden, gilt:
○ Der Flaschenhals darf die Reagenzglasöffnung nicht berühren.
○ Tropfen am Öffnungsrand werden mit dem Stopfen abgestreift.
○ Gefäße mit festsitzenden Verschlüssen werden der Lehrerin/dem Lehrer übergeben.
○ Zuviel entnommene Chemikalien dürfen nicht in das Chemikaliengefäß zurückgeschüttet werden.
○ Nach der Entnahme wird das Gefäß sofort verschlossen und an den dafür vorgesehenen Platz gestellt.

Zum Umgang mit Pipettierhilfen

Folgende Regeln sind beim Umgang mit Pipettierhilfen nützlich:

○ Die Pipette wird nur so weit in den Schaft hineingedreht, bis sie gehalten wird.
○ Achtung, keine Flüssigkeit bis in den Schaft der Pipettierhilfen hochziehen!

a) Zum *Peleusball* (Bild 5):
○ Entleeren des Balles: Zusammenpressen des Ventils A bei gleichzeitigem Zusammendrücken des Balles.
○ Aufsaugen von Flüssigkeit: Zusammenpressen des Ventils S.
○ Entleeren der Pipette: Zusammendrücken des Ventils E.

b) Zum *Kolbenhub* (Bild 6):
○ Aufsaugen von Flüssigkeit: Durch Drehen des Rades bei A bewegt sich der Innenkolben nach oben; die Flüssigkeit wird bei eingetauchter Pipette hochgezogen.
○ Entleeren der Pipette: Drücken des Hebels B.

Zum Umgang mit Gasen

Gefahren beim Experimentieren mit Gasen ergeben sich aufgrund mechanischer Bedingungen sowie durch bestimmte Eigenschaften der eingesetzten Gase.

a) *Maßnahmen aufgrund von mechanischen Bedingungen:*
Das Volumen eines Gases ändert sich, wenn sich die Temperatur des Gases ändert; das kann zu einem Unterdruck oder zu einem Überdruck im Gefäß führen. Ein Unterdruck entsteht auch dann, wenn Gase sehr schnell adsorbiert oder gelöst werden (z. B. Chlorwasserstoff in Wasser). Ein Unterdruck kann auch auftreten, wenn die Gasableitung blockiert ist (z. B. enger Rohrquerschnitt, Verstopfen eines Rohres durch mitgerissene Stoffe).

Das Beachten der folgenden Sicherheitsratschläge ist daher notwendig:
○ Vor der Durchführung eines Versuches sollte man den Gasweg auf Durchlaß prüfen.
○ Die Eignung der Reaktionsgefäße für Gasreaktionen muß vorher überdacht werden (Wandstärke, Form).

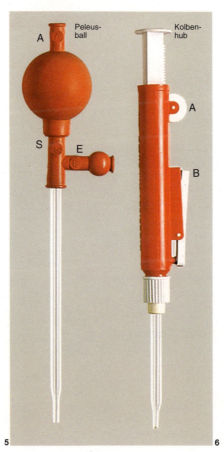

○ Die entstehende Gasmenge und der Mengendurchsatz müssen verglichen werden.
○ Während des Experimentierens muß die Gasentwicklung reguliert werden (ggf. durch zwischenzeitliches Kühlen des Reaktionsgefäßes in einem Eis-Wasser-Bad).
○ Zwei Reaktionsbehälter sind durch eine Sicherheitswaschflasche zu trennen.
○ Für den Fall einer „Panne" sind Schutzmaßnahmen zu treffen (z. B. Splitterkorb, Schutzscheibe).
○ Schutzbrille tragen!

b) *Maßnahmen aufgrund von Eigenschaften der Gase:*
Wenn es sich um *brennbare Gase* handelt, besteht die Gefahr, daß sie mit Luft explosionsgefährliche Gemische bilden. Diese können durch verschiedene Zündquellen gezündet werden (z. B. offene Flammen, elektrische Funken an einem Schalter, heiße Oberflächen).

Die folgenden Sicherheitsregeln sind zu beachten:
○ Den Raum auf mögliche Zündquellen hin untersuchen!
○ Abfackeln des Gases. Vorher dessen Brennfähigkeit mit Hilfe der Knallgasprobe feststellen!
○ Eine Abfackeldüse mit Rückschlagsicherung verwenden!
○ Geeignete Mittel zur Brandbekämpfung bereitstellen!
○ Ein etwaiges Totvolumen beim Auffangen bzw. bei der Knallgasprobe beachten!
○ Eine mögliche Gasverteilung im Raum anhand der Dichte feststellen!

Beim Umgang mit *giftigen Gasen* ist folgendes zu beachten:
○ Die Versuche müssen unter dem Abzug durchgeführt werden, wenn das Gas an der Austrittsstelle nicht vollständig erfaßt werden kann. (Dann ist außerdem eine Adsorption an Aktivkohle oder eine Umwandlung durch eine Reaktion samt anschließender Prüfung erforderlich.)
○ Ein Überschuß/Rest des Gases muß in geeigneter Weise aufgearbeitet werden (z. B. Kohlenstoffmonooxid in die rauschende Brennerflamme leiten, Chlor in alkalische Lösung einleiten).
○ Schon vor dem Versuch Entsorgungsmaßnahmen vorbereiten!
○ Ungewünschte Gasentwicklung durch Einhalten der Versuchsvorschriften vermeiden (z. B. bei Durchführung der Diazotierung)!
○ Mit kleinen Gasportionen arbeiten!

Sicherheit im Chemieunterricht

4 Wichtige Verhaltensregeln

1. Die Fachräume dürfen nicht ohne Aufsicht durch die Lehrerin/den Lehrer betreten werden.
2. Bei der Verwendung von Stoffen sind die Gefahrstoffbezeichnung, die Gefahrenhinweise (R-Sätze) und die Sicherheitsratschläge (S-Sätze) mit den Arbeitsbedingungen zu vergleichen.
3. Für die einzelnen Gefahrstoffe findet man die R- und S-Sätze auf den Etiketten der Chemikaliengefäße und auf einer Wandtafel, die eine Auswahl von Gefahrstoffen zeigt.
4. In Fachräumen ist grundsätzlich ein umsichtiges und vorsichtiges Verhalten erforderlich:
   - Offene Gashähne, Gasgeruch, beschädigte Steckdosen und Geräte sowie andere Gefahrenstellen sind der Lehrerin/dem Lehrer sofort zu melden.
   - Geräte, Chemikalien und Schaltungen dürfen nicht ohne Genehmigung der Lehrerin/des Lehrers berührt werden. Desgleichen dürfen Anlagen für elektrische Energie, Gas und Wasser nicht ohne Genehmigung eingeschaltet werden.
   - Im Experimentierraum darf weder gegessen noch getrunken werden.
   - Den Anweisungen der Lehrerin/des Lehrers ist unbedingt Folge zu leisten. Dies gilt insbesondere bei der Durchführung von Schülerversuchen.
   - Beim Experimentieren müssen die Versuchsvorschriften und Lehrerhinweise genau beachtet werden. Versuche dürfen erst durchgeführt werden, wenn die Lehrerin/der Lehrer dazu aufgefordert hat.
   - Die von der Lehrerin/dem Lehrer ausgehändigte persönliche Schutzausrüstung (z. B. Schutzbrille, Schutzhandschuhe) muß beim Experimentieren getragen werden.
   - Geschmacks- und Geruchsproben dürfen nur vorgenommen werden, wenn die Lehrerin/der Lehrer dazu auffordert.
   - Beim Umgang mit offenen Flammen (z. B. dem Brenner) sind lange Haare so zu tragen, daß sie nicht in die Flamme geraten können.
   - Pipettieren mit dem Mund ist verboten.
5. Chemikalien dürfen normalerweise nicht in den Ausguß gegossen werden. Sie gehören – nach Anweisung der Lehrerin/des Lehrers – in dafür vorgesehene Gefäße. Wenn Gefahrstoffe verschüttet oder verspritzt wurden, ist das sofort der Lehrerin/dem Lehrer zu melden.
6. Im Gefahrfall unbedingt Ruhe bewahren und die Anweisungen der Lehrerin/des Lehrers befolgen!

Je nach Art des Gefahrstoffes können folgende Maßnahmen notwendig werden:
- den Klassenraum verlassen,
- Erste Hilfe leisten,
- Schulleiter und Ersthelfer informieren.

Bei Entstehungsbränden können folgende Maßnahmen notwendig werden:
- Not-Aus betätigen,
- Klassenraum verlassen,
- Erste Hilfe leisten,
- Brand mit geeigneten Löschmitteln bekämpfen (Löschsand, Löschdecke, Feuerlöscher),
- Alarmplan beachten.

5 Die Kennzeichnung von Stoffen

Sicherer Umgang mit Stoffen
Wichtige Informationen sind dem Etikett eines Chemikaliengefäßes zu entnehmen. Siehe dazu das folgende Beispiel.

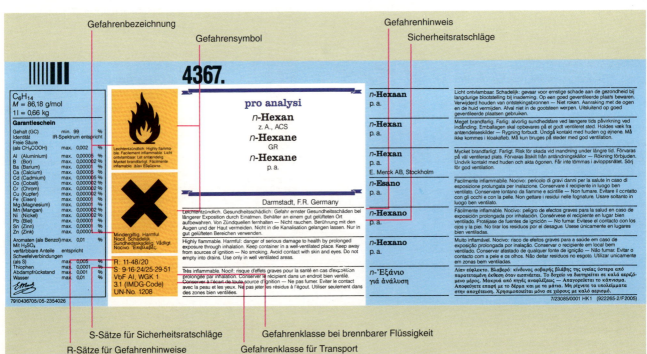

Gefahrensymbole und Gefahrenbezeichnungen auf Gefäßen mit Chemikalien

T+: sehr giftig
T: giftig

Xn: mindergiftig (gesundheitsschädlich)
Xi: reizend

E: explosionsgefährlich

F+: hochentzündlich
F: leichtentzündlich

C: ätzend

O: brandfördernd

N: umweltgefährlich

(Symbole nach DIN 58 126 Teil 2 und Gefahrstoffverordnung)

Erklärung der Kennbuchstaben:

T+: Totenkopf *(extremely toxic)*
T: Totenkopf *(high toxic)*
Xn: Andreaskreuz (n: *noxius*)
Xi: Andreaskreuz (i: *irritating*)
E: detonierende Bombe *(explosive)*
F: Flamme *(flammable)*
C: Hand, Material *(corrosive)*
O: Flamme über Ring *(oxidizing)*
N: toter Baum, toter Fisch *(nature)*

Hinweise auf die besonderen Gefahren (R-Sätze) und Sicherheitsratschläge (S-Sätze)

R-Sätze:

R 1 In trockenem Zustand explosionsgefährlich
R 2 Durch Schlag, Reibung, Feuer oder andere Zündquellen explosionsgefährlich
R 3 Durch Schlag, Reibung, Feuer und andere Zündquellen besonders explosionsgefährlich
R 4 Bildet hochempfindliche explosionsgefährliche Metallverbindungen
R 5 Beim Erwärmen explosionsfähig
R 6 Mit und ohne Luft explosionsfähig
R 7 Kann Brand verursachen
R 8 Feuergefahr bei Berührung mit brennbaren Stoffen
R 9 Explosionsgefahr bei Mischung mit brennbaren Stoffen
R 10 Entzündlich
R 11 Leichtentzündlich
R 12 Hochentzündlich
R 14 Reagiert heftig mit Wasser
R 15 Reagiert mit Wasser unter Bildung hochentzündlicher Gase
R 16 Explosionsgefährlich in Mischung mit brandfördernden Stoffen
R 17 Selbstentzündlich an der Luft
R 18 Bei Gebrauch Bildung explosionsfähiger, leichtentzündlicher Dampf-Luftgemische möglich
R 19 Kann explosionsfähige Peroxide bilden

R 20 Gesundheitsschädlich beim Einatmen
R 21 Gesundheitsschädlich bei Berührung mit der Haut
R 22 Gesundheitsschädlich beim Verschlucken
R 23 Giftig beim Einatmen
R 24 Giftig bei Berührung mit der Haut
R 25 Giftig beim Verschlucken
R 26 Sehr giftig beim Einatmen
R 27 Sehr giftig bei Berührung mit der Haut
R 28 Sehr giftig beim Verschlucken
R 29 Entwickelt bei Berührung mit Wasser giftige Gase
R 30 Kann bei Gebrauch leicht entzündlich werden
R 31 Entwickelt bei Berührung mit Säure giftige Gase
R 32 Entwickelt bei Berührung mit Säure sehr giftige Gase
R 33 Gefahr kumulativer Wirkungen
R 34 Verursacht Verätzungen
R 35 Verursacht schwere Verätzungen
R 36 Reizt die Augen
R 37 Reizt die Atmungsorgane
R 38 Reizt die Haut
R 39 Ernste Gefahr irreversiblen Schadens
R 40 Irreversibler Schaden möglich
R 41 Gefahr ernster Augenschäden
R 42 Sensibilisierung durch Einatmen möglich

R 43 Sensibilisierung durch Hautkontakt möglich
R 44 Explosionsgefahr bei Erhitzen unter Einschluß
R 45 Kann Krebs erzeugen
R 46 Kann vererbbare Schäden verursachen
R 48 Gefahr ernster Gesundheitsschäden bei längerer Exposition
R 49 Kann Krebs erzeugen beim Einatmen
R 50 Sehr giftig für Wasserorganismen
R 51 Giftig für Wasserorganismen
R 52 Schädlich für Wasserorganismen
R 53 Kann in Gewässern längerfristig schädliche Wirkungen haben
R 54 Giftig für Pflanzen
R 55 Giftig für Tiere
R 56 Giftig für Bodenorganismen
R 57 Giftig für Bienen
R 58 Kann längerfristig schädliche Wirkungen auf die Umwelt haben
R 59 Gefährlich für die Ozonschicht
R 60 Kann die Fortpflanzungsfähigkeit beeinträchtigen
R 61 Kann das Kind im Mutterleib schädigen
R 62 Kann möglicherweise die Fortpflanzungsfähigkeit beeinträchtigen
R 63 Kann möglicherweise das Kind im Mutterleib schädigen
R 64 Kann Säuglinge über die Muttermilch schädigen

Kombination der R-Sätze:

R 14/15 Reagiert heftig mit Wasser unter Bildung leichtentzündlicher Gase
R 15/29 Reagiert mit Wasser unter Bildung giftiger und hochentzündlicher Gase
R 20/21 Gesundheitsschädlich beim Einatmen und bei Berührung mit der Haut
R 20/22 Gesundheitsschädlich beim Einatmen und Verschlucken
R 20/21/22 Gesundheitsschädlich beim Einatmen, Verschlucken und bei Berührung mit der Haut
R 21/22 Gesundheitsschädlich bei Berührung mit der Haut und beim Verschlucken
R 23/24 Giftig beim Einatmen und bei Berührung mit der Haut
R 23/25 Giftig beim Einatmen und Verschlucken
R 23/24/25 Giftig beim Einatmen, Verschlucken und bei Berührung mit der Haut

R 24/25 Giftig bei Berührung mit der Haut und beim Verschlucken
R 26/27 Sehr giftig beim Einatmen und bei Berührung mit der Haut
R 26/28 Sehr giftig beim Einatmen und Verschlucken
R 26/27/28 Sehr giftig beim Einatmen, beim Verschlucken und bei Berührung mit der Haut
R 27/28 Sehr giftig bei Berührung mit der Haut und beim Verschlucken
R 36/37 Reizt die Augen und die Atmungsorgane
R 36/38 Reizt die Augen und die Haut
R 36/37/38 Reizt die Augen, Atmungsorgane und die Haut
R 37/38 Reizt die Atmungsorgane und die Haut
R 39/23 Giftig: ernste Gefahr irreversiblen Schadens durch Einatmen
R 39/24 Giftig: ernste Gefahr irreversiblen Schadens bei Berührung mit der Haut

R 39/25	Giftig: ernste Gefahr irreversiblen Schadens durch Verschlucken
R 39/23/24	Giftig: ernste Gefahr irreversiblen Schadens durch Einatmen und bei Berührung mit der Haut
R. 39/23/25	Giftig: ernste Gefahr irreversiblen Schadens durch Einatmen und durch Verschlucken
R 39/24/25	Giftig: ernste Gefahr irreversiblen Schadens bei Berührung mit der Haut und durch Verschlucken
R 39/23/24/25	Giftig: ernste Gefahr irreversiblen Schadens durch Einatmen, Berührung mit der Haut und durch Verschlucken
R 39/26	Sehr giftig: ernste Gefahr irreversiblen Schadens durch Einatmen
R 39/27	Sehr giftig: ernste Gefahr irreversiblen Schadens bei Berührung mit der Haut
R 39/28	Sehr giftig: ernste Gefahr irreversiblen Schadens durch Verschlucken
R 39/26/27	Sehr giftig: ernste Gefahr irreversiblen Schadens durch Einatmen und bei Berührung mit der Haut
R 39/26/28	Sehr giftig: ernste Gefahr irreversiblen Schadens durch Einatmen und durch Verschlucken
R 39/27/28	Sehr giftig: ernste Gefahr irreversiblen Schadens bei Berührung mit der Haut und durch Verschlucken
R 39/26/27/28	Sehr giftig: ernste Gefahr irreversiblen Schadens durch Einatmen, Berührung mit der Haut und durch Verschlucken
R 40/20	Gesundheitsschädlich: Möglichkeit irreversiblen Schadens durch Einatmen
R 40/21	Gesundheitsschädlich: Möglichkeit irreversiblen Schadens bei Berührung mit der Haut
R 40/22	Gesundheitsschädlich: Möglichkeit irreversiblen Schadens durch Verschlucken
R 40/20/21	Gesundheitsschädlich: Möglichkeit irreversiblen Schadens durch Einatmen und bei Berührung mit der Haut
R 40/20/22	Gesundheitsschädlich: Möglichkeit irreversiblen Schadens durch Einatmen und durch Verschlucken
R 40/21/22	Gesundheitsschädlich: Möglichkeit irreversiblen Schadens bei Berührung mit der Haut und durch Verschlucken
R 40/20/21/22	Gesundheitsschädlich: Möglichkeit irreversiblen Schadens durch Einatmen, Berührung mit der Haut und durch Verschlucken
R 42/43	Sensibilisierung durch Einatmen und Hautkontakt möglich
R 48/20	Gesundheitsschädlich: Gefahr ernster Gesundheitsschäden bei längerer Exposition durch Einatmen
R 48/21	Gesundheitsschädlich: Gefahr ernster Gesundheitsschäden bei längerer Exposition durch Berührung mit der Haut
R 48/22	Gesundheitsschädlich: Gefahr ernster Gesundheitsschäden bei längerer Exposition durch Verschlucken
R 48/20/21	Gesundheitsschädlich: Gefahr ernster Gesundheitsschäden bei längerer Exposition durch Einatmen und durch Berührung mit der Haut
R 48/20/22	Gesundheitsschädlich: Gefahr ernster Gesundheitsschäden bei längerer Exposition durch Einatmen und durch Verschlucken
R 48/21/22	Gesundheitsschädlich: Gefahr ernster Gesundheitsschäden bei längerer Exposition durch Berührung mit der Haut und durch Verschlucken
R 48/20/21/22	Gesundheitsschädlich: Gefahr ernster Gesundheitsschäden bei längerer Exposition durch Einatmen, Berührung mit der Haut und durch Verschlucken
R 48/23	Giftig: Gefahr ernster Gesundheitsschäden bei längerer Exposition durch Einatmen
R 48/24	Giftig: Gefahr ernster Gesundheitsschäden bei längerer Exposition durch Berührung mit der Haut
R 48/25	Giftig: Gefahr ernster Gesundheitsschäden bei längerer Exposition durch Verschlucken
R 48/23/24	Giftig: Gefahr ernster Gesundheitsschäden bei längerer Exposition durch Einatmen und durch Berührung mit der Haut
R 48/23/25	Giftig: Gefahr ernster Gesundheitsschäden bei längerer Exposition durch Einatmen und durch Verschlucken
R 48/24/25	Giftig: Gefahr ernster Gesundheitsschäden bei längerer Exposition durch Berührung mit der Haut und durch Verschlucken
R 48/23/24/25	Giftig: Gefahr ernster Gesundheitsschäden bei längerer Exposition durch Einatmen, Berührung mit der Haut und durch Verschlucken
R 50/53	Sehr giftig für Wasserorganismen, kann in Gewässern längerfristig schädliche Wirkungen haben
R 51/53	Giftig für Wasserorganismen, kann in Gewässern längerfristig schädliche Wirkungen haben
R 52/53	Schädlich für Wasserorganismen, kann in Gewässern längerfristig schädliche Wirkungen haben

S-Sätze:

S 1	Unter Verschluß aufbewahren
S 2	Darf nicht in die Hände von Kindern gelangen
S 3	Kühl aufbewahren
S 4	Von Wohnplätzen fernhalten
S 5	Unter ... aufbewahren (geeignete Flüssigkeit vom Hersteller anzugeben)
S 6	Unter ... aufbewahren (inertes Gas vom Hersteller anzugeben)
S 7	Behälter dicht geschlossen halten
S 8	Behälter trocken halten
S 9	Behälter an einem gut gelüfteten Ort aufbewahren
S 12	Behälter nicht gasdicht verschließen
S 13	Von Nahrungsmitteln, Getränken und Futtermitteln fernhalten
S 14	Von ... fernhalten (inkompatible Substanzen sind vom Hersteller anzugeben)
S 15	Vor Hitze schützen
S 16	Von Zündquellen fernhalten – Nicht rauchen
S 17	Von brennbaren Stoffen fernhalten
S 18	Behälter mit Vorsicht öffnen und handhaben
S 20	Bei der Arbeit nicht essen und trinken
S 21	Bei der Arbeit nicht rauchen
S 22	Staub nicht einatmen
S 23	Gas/Rauch/Dampf/Aerosol nicht einatmen (geeignete Bezeichnungen vom Hersteller anzugeben)
S 24	Berührung mit der Haut vermeiden
S 25	Berührung mit den Augen vermeiden
S 26	Bei Berührung mit den Augen sofort gründlich mit Wasser abspülen und Arzt konsultieren
S 27	Beschmutzte, getränkte Kleidung sofort ausziehen
S 28	Bei Berührung mit der Haut sofort abwaschen mit viel ... (vom Hersteller anzugeben)
S 29	Nicht in die Kanalisation gelangen lassen
S 30	Niemals Wasser hinzugießen
S 33	Maßnahmen gegen elektrostatische Aufladungen treffen
S 35	Abfälle und Behälter müssen in gesicherter Weise beseitigt werden
S 36	Bei der Arbeit geeignete Schutzkleidung tragen
S 37	Geeignete Schutzhandschuhe tragen
S 38	Bei unzureichender Belüftung Atemschutzgerät anlegen
S 39	Schutzbrille/Gesichtsschutz tragen
S 40	Fußboden und verunreinigte Gegenstände mit ... reinigen (Material vom Hersteller anzugeben)
S 41	Explosions- und Brandgase nicht einatmen
S 42	Bei Räuchern/Versprühen geeignetes Atemschutzgerät anlegen (geeignete Bezeichnungen vom Hersteller anzugeben)
S 43	Zum Löschen ... (vom Hersteller anzugeben) verwenden (wenn Wasser die Gefahr erhöht, anfügen: „Kein Wasser verwenden")

S 45	Bei Unfall oder Unwohlsein sofort Arzt hinzuziehen (wenn möglich dieses Etikett vorzeigen)	S 50	Nicht mischen mit ... (vom Hersteller anzugeben)	S 59	Informationen zur Wiederverwendung/Wiederverwertung beim Hersteller/Lieferanten erfragen
S 46	Bei Verschlucken sofort ärztlichen Rat einholen und Verpackung oder Etikett vorzeigen	S 51	Nur in gut belüftetem Bereich verwenden	S 60	Dieser Stoff und sein Behälter sind als gefährlicher Abfall zu entsorgen
		S 52	Nicht großflächig für Wohn- und Aufenthaltsräume zu verwenden	S 61	Freisetzung in die Umwelt vermeiden. Besondere Anweisungen einholen/Sicherheitsdatenblatt zu Rate ziehen
S 47	Nicht bei Temperaturen über ... °C aufbewahren (vom Hersteller anzugeben)	S 53	Exposition vermeiden – vor Gebrauch besondere Anweisungen einholen		
		S 56	Diesen Stoff und seinen Behälter der Problemabfallentsorgung zuführen	S 62	Bei Verschlucken kein Erbrechen herbeiführen. Sofort ärztlichen Rat einholen und Verpackung oder dieses Etikett vorzeigen
S 48	Feucht halten mit ... (geeignetes Mittel vom Hersteller anzugeben)	S 57	Zur Vermeidung einer Kontamination der Umwelt geeigneten Behälter verwenden		
S 49	Nur im Originalbehälter aufbewahren				

Kombination der S-Sätze:

S 1/2	Unter Verschluß und für Kinder unzugänglich aufbewahren	S 7/8	Behälter trocken und dicht geschlossen halten
S 3/7	Behälter dicht geschlossen halten und an einem kühlen Ort aufbewahren	S 7/9	Behälter dicht geschlossen und an einem gut gelüfteten Ort aufbewahren
S 3/9	Behälter an einem kühlen, gut gelüfteten Ort aufbewahren	S 7/47	Behälter dicht geschlossen und nicht bei Temperaturen über ... °C aufbewahren (vom Hersteller anzugeben)
S 3/9/14	An einem kühlen, gut gelüfteten Ort, entfernt von ... aufbewahren (die Stoffe, mit denen Kontakt vermieden werden muß, sind vom Hersteller anzugeben)	S 20/21	Bei der Arbeit nicht essen, trinken, rauchen
		S 24/25	Berührung mit den Augen und der Haut vermeiden
		S 29/56	Nicht in die Kanalisation gelangen lassen
S 3/9/14/49	Nur im Originalbehälter an einem kühlen, gut gelüfteten Ort, entfernt von ... aufbewahren (die Stoffe, mit denen Kontakt vermieden werden muß, sind vom Hersteller anzugeben)	S 36/37	Bei der Arbeit geeignete Schutzhandschuhe und Schutzkleidung tragen
		S 36/37/39	Bei der Arbeit geeignete Schutzkleidung, Schutzhandschuhe und Schutzbrille/Gesichtsschutz tragen
S 3/9/49	Nur im Originalbehälter an einem kühlen, gut gelüfteten Ort aufbewahren	S 36/39	Bei der Arbeit geeignete Schutzkleidung und Schutzbrille/Gesichtsschutz tragen
S 3/14	An einem kühlen, von ... entfernten Ort aufbewahren (die Stoffe, mit denen Kontakt vermieden werden muß, sind vom Hersteller anzugeben)	S 37/39	Bei der Arbeit geeignete Schutzhandschuhe und Schutzbrille/Gesichtsschutz tragen
		S 47/49	Nur im Originalbehälter bei einer Temperatur von nicht über ... °C aufbewahren (vom Hersteller anzugeben)

Die Kennzeichnung – eine wichtige Informationsquelle

Es gibt viele Bereiche von Industrie, Gewerbe, Haushalt und Hobby, in denen man mit zahlreichen Stoffen umgeht.

Aufgrund ihrer chemischen Eigenschaften oder giftigen Wirkungen können von Stoffen Gefahren ausgehen. Der Mensch kann bei nicht sachgerechtem Umgang mit Stoffen in seiner Gesundheit gefährdet werden – direkt, z. B. bei einer Explosion, oder indirekt, z. B. durch Einatmen giftiger Dämpfe. Auch die Umwelt (Tiere und Pflanzen) ist gefährdet, wenn Abfallstoffe in unzulässiger Weise in Boden, Wasser und Luft gelangen, weil sie nicht sachgerecht entsorgt wurden.

Um Gefährdungen vermeiden zu können, braucht man geeignete Informationen über die betreffenden Stoffe. Diesem Zweck dient die *Kennzeichnung*, die vom Gesetzgeber für Stoffe und Stoffgemische vorgeschrieben wurde: Für bestimmte Verwendungen und Gefährdungssituationen – also zweckbezogen – ist eine Kennzeichnung in unterschiedlicher Art und Weise vorzunehmen. Erst eine solche Kennzeichnung liefert die Informationen, mit deren Hilfe man Gefährdungen erkennen und beurteilen kann; daraufhin ist man dann in der Lage, ausreichende Schutzmaßnahmen zu ergreifen.

Für den Umgang mit Stoffen am *Arbeitsplatz* wird die Art und Weise der Kennzeichnung in der *Gefahrstoffverordnung* (Verordnung zum Schutz vor gefährlichen Stoffen) geregelt. Hier werden Stoffe und Stoffgemische, die zu irgendeiner Gefährdung führen können, als *gefährliche Stoffe* oder *gefährliche Zubereitungen* bezeichnet. Diese sind auf ihren Verpackungen u. a. in folgender Weise zu kennzeichnen:
– Gefahrensymbol und Gefahrenbezeichnung
– Gefahrenhinweise (R-Sätze; R von frz. *risque*: Gefahr, Risiko)
– Sicherheitsratschläge (S-Sätze; S von frz. *sécurité*: Sicherheit)
Gefährliche Stoffe und Stoffgemische, die im Handel für den *Haushalts-* und *Hobbybereich* angeboten werden, gelten als Bedarfsgegenstände. Zu diesen zählen z. B. Anstrichfarben, Klebstoffe und Reinigungsbenzin. Auch in diesem Fall erfolgt eine Kennzeichnung mit Gefahrensymbol, Gefahrenhinweis und Sicherheitsratschlägen. Allerdings ist die Kennzeichnung von Bedarfsgegenständen formal nicht so streng geregelt wie im Fall des Umgangs mit den Stoffen am Arbeitsplatz. Die Gefahrenbezeichnung wird deshalb oft nicht vermerkt, und für Hinweise und Ratschläge werden vielfach sinngemäße Formulierungen verwendet.

Für bestimmte Produkte, die im Haushalts- und im Hobbybereich verwendet werden, gibt es gesonderte Regelungen für die Kennzeichnung. So sind z. B. bei Wasch- und Reinigungsmitteln die Inhaltsstoffe des Produktes auf der Verpackung anzugeben. Dadurch soll kenntlich gemacht werden, wie weitreichend eine Umweltgefährdung bei der Verwendung des Produktes angenommen werden kann.

Auch Abfälle, die außerhalb des Haushalts anfallen, müssen gekennzeichnet werden. Dazu dienen die jeweilige Abfallschlüssel-Nummer und die Bezeichnung der Abfallart. Auf diese Weise wird festgelegt, wie der Abfall umweltverträglich und ohne Gefahr durch ein zugelassenes Entsorgungsunternehmen zu entsorgen ist.

Gefährliche Stoffe werden in großen Gebinden und Tanks auf Straße und Schiene transportiert; man spricht dann von einem *Gefahrgut-Transport*. Transportfahrzeuge mit Gefahrgut müssen gekennzeichnet sein. Dann können bei einem Unfall die Gefahren erkannt und die notwendigen Maßnahmen ergriffen werden. Jedes Transportfahrzeug trägt deshalb eine Warntafel. Auf ihr sind in der oberen Zeile die Gefahr durch eine Ziffernfolge (ggf. mit einem vorangestellten X) und in der unteren Zeile der Stoff durch eine Nummer gekennzeichnet. Diese Verschlüsselung ist in einem *Gefahrgut-Schlüssel* zusammengestellt und erläutert.

6 Chemikalienliste

1 Name des Stoffes	2 Gefahrensymbol und Kennbuchstabe	3 Kennziffer der R-Sätze	3 Kennziffer der S-Sätze	4 Charakterisierung WGK	4 Charakterisierung VbF	5 Entsorgungshinweise
Aktivkohle (gekörnt)	–	–	–	0		HM
Aluminium (gepulvert, gekörnt)	–	10-15	7/8-43	0		A-2
Aluminiumkaliumsulfat (Kalialaun)	–	–	–	1		A-1
Bariumnitrat	Xn, O	8-20/22	28.1	1		S
Benzin: Reinigungsbenzin (2) 100/140 (1)	F	11	9-16-29-33	1	AI	L
Brennspiritus: Ethanol	F	11	7-16	0	B	L-1
Calciumhydroxid, -lösung gelöschter Kalk, Löschkalk	C	34	26-36	1		B
Chrom(III)-kaliumsulfat (Chromalaun)	–	–	–	0		S
Eisen (gepulvert)	–	–	–	–		A-1
Eisen(II)-sulfat	Xn	22-41	26	1		S
Eisenwolle	–	–	–	–		HM
Essigsäure (25–90 %)	C	34	2-23.2-26	1		B
Ethanol Ethylalkohol (siehe Brennspiritus)	F	11	7-16	0	B	L-1
Gallussäure	–	–	–	–		HM
Kaliumiodid	–	–	–	1		A-1
Kaliumnitrat (Kalisalpeter)	O	8	16-41	1		A-1
Kaliumpermanganat	Xn, O	8-22	2	2		B
Kochsalz (Natriumchlorid)	–	–	–	0		AW
Kohlenstoff (siehe Holzkohle)	–	–	–	–		HM
Kohlenstoffdioxid	–	–	3-7	0		–
Kupferoxid (gepulvert, gekörnt) Kupfer(II)-oxid	–	–	–	1		S
Kupfersulfat Kupfer(II)-sulfat	Xn	22-36/38	22	2		S
Magnesiastäbchen	–	–	–	–		HM
Magnesiumband	–	–	–	–		B
Magnesiumoxid	–	–	22	1		HM
Marmor Kalkstein	–	–	–	0		HM
Natriumcarbonat (Soda)	Xi	36	22-36	1		A-1
Natriumchlorid	–	–	–	0		AW
Natron Natriumhydrogencarbonat	–	–	–	0		A-1
Natriumhydroxid (wasserfrei)	C	35	2-26-27-37/39	1		B
Phosphor (rot)	F	11-16	7-43.1	–		A-1
Rohöl (Erdöl)	F	11	9-16-29-33	–		L
Saccharose Haushaltzucker	–	–	–	1		HM
Salicylsäure	Xn	22-36	26	1		B
Salpetersäure (20–70 %)	C	35	2-23.2-26-36	1		B
Salzsäure (über 25 %)	C	24-37	2-26	1		B
Sauerstoff	O	8	17	0		–

1 Name des Stoffes	2 Gefahrensymbol und Kennbuchstabe	3 Kennziffer der R-Sätze	3 Kennziffer der S-Sätze	4 Charakterisierung WGK VbF	5 Entsorgungs-hinweise
Schwefel, gepulvert	–	–	–	0	A-1
Seesand	–	–	–	–	HM
Seignette-Salz	–	–	–	–	A-1
Soda (Natriumcarbonat)	☒ Xi	36	22-26	–	A-1
Stärke (löslich)	–	–	–	0	O-1
Stearinsäure	–	–	–	0	O-2
Tannin (Gerbsäure)	–	–	–	–	HM
Zink (gepulvert, gekörnt)	🔥 F	15-17	7/8-43.3	0	A-2
Zucker Rohrzucker/Rübenzucker	–	–	–	–	HM

Anmerkungen zur Chemikalienliste

Hinweise zur Tabellenspalte „Name des Stoffes":

(1) Siedebereich, in °C.
(2) Hier handelt es sich um Bedarfsgut für den Haushalt oder um ein Lebensmittel. Nicht immer tragen die Behältnisse von Bedarfsgütern ein Gefahrensymbol. In der vorhergehenden Tabelle wurde die Kennzeichnung nach dem jeweils gefährlichsten Inhaltsstoff vorgenommen.
(3) DAB: Deutsches Arzneibuch, 10. Folge.
(4) Volumenanteil, in Prozent.

Hinweise zur Tabellenspalte „Charakterisierung":

1. In den „Verwaltungsvorschriften über die nähere Bestimmung wassergefährdender Stoffe und ihre Einstufung entsprechend ihrer Gefährlichkeit" werden die Stoffe nach bestimmten Wassergefährdungsklassen (WGK) eingeteilt.
 Die verwendeten Abkürzungen bedeuten:
WGK 3 – stark wassergefährdend
WGK 2 – wassergefährdend
WGK 1 – schwach wassergefährdend
WGK 0 – im allgemeinen nicht wassergefährdend

2. In der „Verordnung über brennbare Flüssigkeiten" (VbF) werden brennbare Flüssigkeiten in verschiedene Gefahrenklassen unterteilt:
AI: mit Wasser nicht mischbar; Flammpunkt unter 21 °C
AII: mit Wasser nicht mischbar; Flammpunkt: 21 C bis 55 °C
AIII: mit Wasser nicht mischbar; Flammpunkt über 55 °C
B: mit Wasser mischbar; Flammpunkt unter 21 °C

7 Hinweise zur Entsorgung

Die Entsorgung – eine notwendige Maßnahme

Viele Stoffe sind gesundheits-, luft- oder wassergefährdend, explosionsgefährlich oder brennbar. Die Luft, der Boden und das Wasser werden belastet, wenn diese Stoffe in unsere Umwelt abgegeben werden.

Auf dem Weg über die pflanzlichen Nahrungsmittel und über das Trinkwasser (häufig auch über die Atemluft) gelangen sie in unseren Körper und können unsere Gesundheit gefährden.

Aus Gründen des Umwelt- und Gesundheitsschutzes dürfen wir umweltbelastende Stoffe, die beim Experimentieren zurückbleiben, und solche, die wir nicht mehr verwenden können, nicht in das Abwasser oder in den Hausmüll geben. Vielmehr müssen wir diese Stoffe so beseitigen, daß sie zu keinerlei Gefährdungen führen. Diese Vorgehensweise bezeichnet man als *Entsorgung*.

Entsorgung ist in der Schule in begrenztem Umfange möglich.

Manche der gefährlichen Stoffe lassen sich z. B. auf chemischem Wege ganz einfach in ungefährliche Stoffe umwandeln. Die ungefährlichen Produkte dürfen in das Abwasser oder in den Hausmüll gegeben werden.

Wenn eine solche Umwandlung in der Schule nicht möglich oder angebracht ist, müssen die betreffenden Stoffe gesammelt und für die Entsorgung bereitgestellt werden. Die gesammelten Abfälle werden von Zeit zu Zeit durch ein Entsorgungsunternehmen von der Schule abgeholt. Danach werden sie in geeigneten Anlagen aufgearbeitet.

Beim Sammeln von Stoffen muß man darauf achten, daß keine Stoffe zusammenkommen, die miteinander reagieren könnten. Dadurch könnten nämlich gesundheitsgefährdende Stoffe freigesetzt werden; auch könnte es bei explosionsartigen Reaktionen zu Personen- und Sachschäden kommen.

Im Unterricht wird dir die Lehrerin/der Lehrer sagen, was du mit den Reststoffen, die beim Experimentieren anfallen, tun mußt.

Das Sammeln von Stoffen und die Bereitstellung für die Entsorgung wird nach Abfallarten vorgenommen. Diese sind in den gesetzlichen Grundlagen über die Entsorgung festgelegt. Dazu zählen die Bezeichnung der Abfallart und die Kennzeichnung mit einer Abfallschlüsselnummer (AS).

Sonderabfälle in der Schule – Naturwissenschaften

(Vorschlag eines Entsorgungskonzepts des Landesinstituts für Schule und Weiterbildung, Soest, 1993)

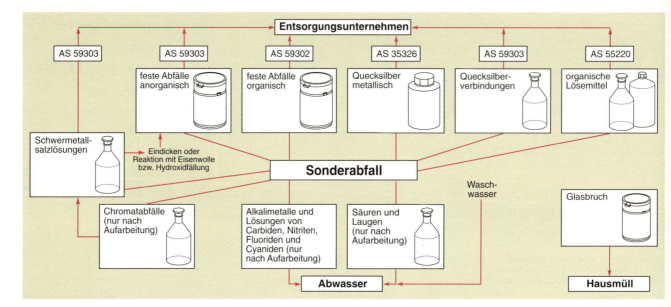

Zu den Entsorgungshinweisen der Chemikalienliste

L   In das Sammelgefäß „Organische Lösemittel" (Bild 1) geben (siehe hierzu „Sonderabfälle in der Schule").

L-1   Kleine Portionen dieses Stoffes können in den Ausguß geschüttet werden; größere wie bei L.

S   Wäßrige Lösungen/Schlämmen in das Sammelgefäß „Schwermetallsalzlösungen" geben (Bild 2). Als Feststoff verpackt (Kunststoffbeutel/Gefäß) in den Sammelbehälter „Feste Abfälle – anorganisch" geben (Bild 3).

A-1   Feststoff verpackt (Kunststoffbeutel/Gefäß) in den Sammelbehälter wie unter S. Kleine Portionen wäßriger Lösungen/Schlämmen in den Ausguß schütten/ggf. nach Filtration zum Hausmüll geben.

A-2   Feststoff verpackt (Kunststoffbeutel/Gefäß) in den Sammelbehälter wie unter S. Wäßrige Lösungen/Schlämmen des Stoffes müssen aufbereitet werden. (Siehe hierzu „Sonderabfälle in der Schule".)

O-1   Feststoff verpackt (Kunststoffbeutel/Gefäß) in den Sammelbehälter „Feste Abfälle – organisch" geben (Bild 4); wäßrige Lösungen in den Ausguß schütten.

O-2   Feststoff wie unter O-1; Lösungen wie unter L.

AW   Ausguß/Abwasser.

B   Behandlung/Aufbereitung erforderlich (siehe hierzu „Sonderabfälle in der Schule".)

HM   Hausmüll.

G   In das Sammelgefäß „Glasbruch" geben (Bild 5).

Organische Lösemittel
AS 55220

Halogenhaltige und halogenfreie, wasserlösliche und wasserunlösliche Lösemittel.

Schwermetallsalzlösungen
AS 59303

feste Abfälle – anorganisch
AS 59303

Keine brandfördernden oder selbstentzündlichen Stoffe hinzugeben.

feste Abfälle – organisch
AS 59302

Keine brandfördernden oder selbstentzündlichen Stoffe hinzugeben.

Glasbruch

Literaturhinweise für Schülerinnen und Schüler

Zum Experimentieren, Basteln, Spielen

Bendel: Chemie - eine ganz alltägliche Sache. Experimentieren - Beobachten - Beurteilen. Franckh, Stuttgart. *)

Bublath, Joachim: Das knoff-hoff-Buch. Physik und Chemie: Gags, Tricks und Tips mit seriösem naturwissenschaftlich-technischem Hintergrund.
Bände 1 und 2: G+G Urban, Baierbrunn, Band 3: Heyne, München.

Calvani: Physik und Chemie spielend entdecken. Dumont, Köln. *)

Cherrier, Francois: Chemie macht Spaß. Experimentierbuch. J.F. Schreiber, Esslingen. Österreichischer Bundesverlag, Wien. Schwager und Stein, Nürnberg. *)

Hellweger/Roer/Schmidkunz: Chemie lernen = Chemie spielen. Chemiewissen aneignen durch Spiele (mit didakt. Hinweisen und Fragelisten). Ab 11 J. Kallmeyersche Verlagsbuchhandlung, Seelze. *)

Hoffmann-Pieper, Kristina: Basteln zum Nulltarif. Spiel und Spaß mit Haushaltsdingen. Rowohlt, Hamburg.

Jantzen, Friedrich: Umweltexperimente für Kinder und Jugendliche. Komplette Projektthemen, z.B. „Boden" und „Pflanzen". Falken, Niedernhausen.

Krekeler, Hermann: Spannende Experimente. Versuche zur Physik und Chemie. Ab 12 J. Ravensburger Buchverlag Otto Maier, Ravensburg.

Kursawa-Stucke, Hans u.a.: Mehr Zeit für Kinder. Das Umweltbuch. Spiele, Tips und Geschichten rund um den Umweltschutz. Pestalozzi, Erlangen.

Meyendorf, Gerhard: Einfache chemische Schülerexperimente. Ein Arbeitsbuch für Schüler. Harri Deutsch, Frankfurt/Main.

Moisl: Chemie. Schüler-Experimentierbuch. Ravensburger Buchverlag Otto Maier, Ravensburg. *)

Pütz, Jean/Niklas, Christine: Cremes und sanfte Seifen. Hobbythek-Buch. Kosmetik zum Selbermachen, natürlich und gesund. vgs, Köln.

Roer/Hellweger/Schmidtkunz: Chemie lernen, Chemie spielen. Verlag Die Schulpraxis, Mülheim a.d. Ruhr. *)

Römpp/Raaf: Chemische Experimente mit einfachen Mitteln. dtv, München *)

Rossa, Eberhard: Kurzweil durch Chemie. Grundlagen der Chemie in heiteren Episoden. Ab 12 J. Aulis, Deubner, Köln.

Walpole, Brenda: Experimente, Tricks und Tips. Einfache Experimente mit Mitteln aus dem Haushalt zu den Themen Elektrizität, Akustik, Chemie, Wetter. Ab 12 J. Südwest-Verlag, München.

Ward/King: Luft und Wasser. Wir experimentieren und entdecken. Ravensburger Buchverlag Otto Maier, Ravensburg. *)

Wilkes, Angela: Mein erstes großes Umweltbuch. Einfache Experimente, Ausssschneidebögen u.ä. Ab 10 J. Tessloff, Nürnberg.

Zum Nachschlagen und als Lesestoff

Ardley, Bridget: Das große Buch der 1001 Fragen und Antworten. Gute kurze Darstellungen von Themen aus Physik, Chemie, Biologie, Erdkunde. Gute Abbildungen.

Baldes, Sigrun u.a. (Hrsg. BUND-Jugend und IG-Metall-Jugend): Aktionsbuch Jugend und Umwelt.
Beispiele für umweltschonendes Verhalten und praktische Aktionsvorschläge.
Ab 12 J.
Lamuv, Göttingen.

Bode, Rainer: Mineralien. Edelsteine und Kristalle.
Bestimmungsbuch. Kosmos Naturführer. Franckh-Kosmos, Stuttgart.

Brucker: Lebensraum Boden. Kosmos Handbuch. Daten, Tips, Tests. Physikalische, chemische und biologische Eigenschaften des Humus. Franckh-Kosmos, Stuttgart. *)

Faraday, Michael: Naturgeschichte einer Kerze. Reprinta historica didacta 3. Barbara Franzbecker, Bad Salzdetfurth.

Faraggi/Schulz: Glasklar.
Wasser erleben, Wasser erforschen, Wasser erhalten.
Bund für Umwelt und Naturschutz (Hrsg.). Freizeit Verlags-GmbH, Baden-Baden.

Freytag: Chemie von A-Z.
Aulis, Deubner, Köln. *)

Haupt, Peter: Die Chemie im Spiegel einer Tageszeitung. Sammlung von Zeitungsartikeln zu aktuellen Chemie-Ereignissen. Für die Jahre 1990-1993: Band 3.
BIS Verlag, Universität Oldenburg.

Lange, Volker: Rette was zu retten ist. Die Geschichte von Robin Wood. Ab 14 J. Signal Verlag, Baden Baden. *)

Legett, Jeremy: Unternehmen Umwelt (Reihentitel):
Frische Luft: Warum die Luft immer schlechter wird und was wir dagegen tun können.
Klares Wasser: Warum die Gewässer umkippen und was wir dagegen tun können.
Saubere Energie: Warum die Energieversorgung immer gefährlicher wird und was wir dagegen tun können.
Weniger Müll: Warum die Müllberge wachsen und was wir dagegen tun können.
Recht einfache Darstellungen der Themen.
Ab 10 J. Carlsen, Hamburg.

Naturwissenschaftler (Lexikon). Verdienste bedeutender Naturwissenschaftler und Techniker von der Antike bis zur Gegenwart. Herder, Freiburg.

Ortiz: Faszinierende Welt der Chemie. Ab 14 J. Bassermann'sche Verlagsbuchhandlung im Falken-Verlag, Niedernhausen. *)

Römpp/Raaf: Chemie des Alltags. Praktische Chemie für Jedermann von Alkohol bis Zündholz. Ab 15 J. Franckh, Stuttgart. *)

Ruprecht: Einfälle statt Abfälle. Wir und unsere Umwelt. Ab 10 J. Hoch, Stuttgart. *)

Schächter, Markus (Hrsg.):
Zur ZDF-Sendereihe „Mittendrin":
Geht der Luft die Puste aus?
Die Erde hat kein dickes Fell. Eine Abfuhr für den Müll. Ab 13 J. Mann, Berlin.

Schülerduden: Die Chemie. Die Ökologie. Ab 15 J. Bibliographisches Institut, Mannheim.

Tessloffs Bildlexikon in Farbe:
Wertheim/Oxlade/Waterhause: Chemie. Struan: Erfindungen und Entdeckungen. Übersichtlich gegliederte, verständlich geschriebene Nachschlagewerke. Ab 12 J. Tessloff, Nürnberg.

Twist, Clint: Die Umwelt. Alle Titel ab 12 J. Esslinger im Österreichischen Bundesverlag, Wien und Stuttgart.

Umwelt und Chemie von A - Z.
Ein Wörterbuch. Ab 14 J. Herder, Freiburg. *)

Veit, Barbara/Wiebus, Hans:
Umweltbuch für Kinder.
Umweltverschmutzung und was man dagegen tun kann. Ab 12 J. Ravensburger Buchverlag Otto Maier, Ravensburg.

Veit/Wolfrum: Das Buch vom Müll. Ab 13 J. Ravensburger Buchverlag Otto Maier, Ravensburg. *)

Vester, Frederic: Wasser = Leben.
Ein kybernetisches Umweltbuch mit 5 Kreisläufen des Wassers. Ab 14 J. Ravensburger Buchverlag Otto Maier, Ravensburg.

Vollmer:
Chemische Produkte im Alltag. Nr. 3276. *)
Chemie in Bad und Küche. Nr. 11266. *)
Chemie in Hobby und Beruf. Nr. 11267. *)
dtv thieme, München.

Was ist was? (Reihentitel)
Band 4: Chemie.
Band 35: Erfindungen.
Band 45: Mineralien und Gesteine.
Tessloff, Nürnberg.

Wie ist das? (Reihentitel). Aus der Reihe „Wissenschaft für die Jugend":
Kerrod, Robin: Rohstoffe und Industrie.
Kerrod Robin: Wissenschaft und Forschung.

Wolfrum/Wiebus: Das Buch von den Bodenschätzen. Ravensburger Buchverlag Otto Maier, Ravensburg.*)

---

*) Die so gekennzeichneten Buchtitel sind nicht mehr im Buchhandel erhältlich, können aber in Bibliotheken ausgeliehen werden.

Zum Nachschlagen

Schmelztemperatur, Siedetemperatur und Dichte

Feste Stoffe, Flüssigkeiten	Schmelz- temperatur in °C	Siede- temperatur in °C	Dichte (20 °C) in $\frac{g}{cm^3}$
Alkohol	−115	78,3	0,789
Aluminium	660	2467	2,70
Benzin		60...95	ca. 0,7
Benzol	5,5	80	0,879
Blei	327	1744	11,34
Eisen	1535	2750	7,87
Gold	1064	2807	19,32
Holz			0,4 ...1,2
Iod	114	184	4,93
Kochsalz	801	1413	2,16
Kohlenstoff			
– Diamant	3550	4827	3,52
– Graphit	3650	4827	2,24
Kupfer	1083	2567	8,29
Magnesium	649	1107	1,74
Meerwasser	1,6	104	ca. 1,03
Messing, MS 72	920	1160	8,56
Paraffin	54...60		0,8 ...0,9
Phosphor (rot)	590		2,4
Platin	1769	4300	21,45
Quecksilber	−39	357	13,55
Schwefel	119	445	1,96
Silber	961	2200	10,5
dest. Wasser	0	100	0,998
Wolfram	3380	5500	19,3
Zink	420	907	7,14
Zinn	232	2260	7,29

Gase	Schmelz- temperatur in °C	Siede- temperatur in °C	Litergewicht (0 °C) in $\frac{g}{l}$
Helium	−272,1	−269	0,1785
Kohlenstoff- dioxid		− 79 (sublimiert)	1,9768
Krypton	−157	−153	3,744
Luft			1,293
Sauerstoff	−219	−183	1,429
Stickstoff	−210	−196	1,2505
Wasserstoff	−259	−253	0,0899

Die chemischen Elemente

Element	Symbol	Element	Symbol	Element	Symbol
Actinium	Ac	Hahnium	Ha	Protactinium	Pa
Aluminium	Al	Hafnium	Hf	Quecksilber	Hg
Americium	Am	Helium	He	Radium	Ra
Antimon	Sb	Holmium	Ho	Radon	Rn
Argon	Ar	Indium	In	Rhenium	Re
Arsen	As	Iod	I	Rhodium	Rh
Astat	At	Iridium	Ir	Rubidium	Rb
Barium	Ba	Kalium	K	Ruthenium	Ru
Berkelium	Bk	Kohlenstoff	C	Samarium	Sm
Beryllium	Be	Krypton	Kr	Sauerstoff	O
Bismut	Bi	Kupfer	Cu	Scandium	Sc
Blei	Pb	Kurtschatovium	Ku	Schwefel	S
Bor	B	Lanthan	La	Selen	Se
Brom	Br	Lawrencium	Lr	Silber	Ag
Cadmium	Cd	Lithium	Li	Silicium	Si
Caesium	Cs	Lutetium	Lu	Stickstoff	N
Calcium	Ca	Magnesium	Mg	Strontium	Sr
Californium	Cf	Mangan	Mn	Tantal	Ta
Cer	Ce	Mendelevium	Md	Technetium	Tc
Chlor	Cl	Molybdaen	Mo	Tellur	Te
Chrom	Cr	Natrium	Na	Terbium	Tb
Cobalt	Co	Neodym	Nd	Thallium	Tl
Curium	Cm	Neon	Ne	Thorium	Th
Dysprosium	Dy	Neptunium	Np	Thulium	Tm
Einsteinium	Es	Nickel	Ni	Titan	Ti
Eisen	Fe	Niob	Nb	Uran	U
Erbium	Er	Nobelium	No	Vanadium	V
Europium	Eu	Osmium	Os	Wasserstoff	H
Fermium	Fm	Palladium	Pd	Wolfram	W
Fluor	F	Phosphor	P	Xenon	Xe
Francium	Fr	Platin	Pt	Ytterbium	Yb
Gadolinium	Gd	Plutonium	Pu	Yttrium	Y
Gallium	Ga	Polonium	Po	Zink	Zn
Germanium	Ge	Praseodym	Pr	Zinn	Sn
Gold	Au	Promethium	Pm	Zirconium	Zr

Einige Entzündungstemperaturen

Streichholzkopf	etwa 60 °C
Papier	etwa 250 °C
Holzkohle	150–220 °C
Benzin	220–300 °C
Heizöl	250 °C
Paraffin (Kerzenwachs)	250 °C
trockenes Holz	etwa 300 °C
Butangas (Flüssiggas für Feuerzeuge)	400 °C
Spiritus	425 °C
Propangas	460 °C
Erdgas	etwa 600 °C
Steinkohle	350–600 °C
Koks	700 °C

Zusammensetzung der Luft

Name des Gases	100 cm³ Luft enthalten
Stickstoff	78,09 cm³
Sauerstoff	20,95 cm³
Argon	0,93 cm³
Kohlenstoffdioxid	ca. 0,03 cm³
Neon	0,0018 cm³
Helium	0,0005 cm³
Krypton	0,0001 cm³
Wasserstoff	0,00005 cm³
Xenon	0,000008 cm³
Wasserdampf	0-7 cm³

Abgaswerte pro 100 km (bei 8 l Treibstoff)

Schadstoffe	Ottomotor ohne Katalysator	Ottomotor (gleicher Typ) mit Katalysator	Dieselmotor
Kohlenstoffmonooxid	481 g	210 g	58 g
Kohlenwasserstoffe	172 g	17 g	43 g
Stickstoffoxide	292 g	30 g	73 g
Bleiverbindungen	1 g	0,08 g	−
Ruß	0,5 g	0,5 g	34 g

Eigenschaften einiger Metalle

Name	Aussehen	Härte	leitet den elektr. Strom	Gewicht eines 1-cm^3-Würfels	Schmelz-temperatur	Siede-temperatur
Aluminium	weiß glänzend	weich	ja	2,7 g	660 °C	2467 °C
Blei	bläulichweiß glänzend	sehr weich	ja	11,3 g	327 °C	1740 °C
Eisen	grauweiß glänzend	hart	ja	7,9 g	1535 °C	2750 °C
Gold	hellgelb glänzend	weich	ja	19,3 g	1063 °C	2807 °C
Kupfer	braunrot glänzend	hart, aber weicher als Eisen	ja	8,9 g	1083 °C	2567 °C
Magnesium	weiß glänzend	weich, aber härter als Aluminium	ja	1,7 g	649 °C	1107 °C
Quecksilber	weiß glänzend	flüssig	ja	13,6 g	-39 °C	357 °C
Zink	grauweiß glänzend	hart, aber weicher als Kupfer	ja	7,1 g	420 °C	907 °C
Zinn	weiß glänzend	sehr weich, aber härter als Blei	ja	7,3 g	232 °C	2260 °C

Eigenschaften einiger Nichtmetalle

Name	Aussehen	Geruch	löslich in Wasser	löslich in Alkohol (96%)	leitet den el. Strom	Gewicht eines 1-cm^3-Würfels	Schmelz-temperatur	Siede-temperatur
Kohlenstoff (Diamant)	farblos; durchsichtige Kristalle	geruchlos	nein	nein	nein	3,5 g	3550 °C	4827 °C
(Graphit)	grauschwarz; glänzende Schuppen	geruchlos	nein	nein	ja	2,2 g	3650 °C	4827 °C
Schwefel	gelb; glänzende Kristalle	geruchlos	nein	etwas	nein	2,0 g	119 °C	445 °C
Iod	blauschwarze Kristalle	stechend	etwas	gut	nein	4,9 g	114 °C	184 °C
Phosphor (rot)	weinrotes Pulver	geruchlos	nein	nein	nein	2,4 g	590 °C	–

Eigenschaften einiger anderer Stoffe

Name	Aussehen	Zustand bei 20 °C	Geruch	löslich in Wasser	löslich in Alkohol (96%)	leitet den el. Strom	Schmelz-temperatur	Siede-temperatur
Kerzenwachs (z.B. Stearin)	weiß, oft gefärbt; matt	fest	geruchlos	nein	nein	nein	ca. 50 °C	ca. 230 °C
Kochsalz	weiße Kristalle	fest	geruchlos	ja	etwas	nein	801 °C	1413 °C
Porzellan	meist weiß, glasiert	fest	geruchlos	nein	nein	nein	1670 °C	
Zucker	weiße Kristalle	fest	geruchlos	ja	sehr wenig	nein	ca. 180 °C	
Alkohol (Weingeist)	farblos, klar	flüssig	herb, scharf	ja		nein	–115 °C	78 °C
Benzin	farblos, klar	flüssig	mild	nein	nein (in reinem Alkohol ja)	nein		60–95 °C
Glycerin	farblos, klar	dickflüssig	geruchlos	ja	ja	nein	18 °C	290 °C
Spiritus	farblos, klar	flüssig	leicht stechend	ja	ja	nein	ca. –98 °C	65–78 °C
dest. Wasser	farblos, klar	flüssig	geruchlos		ja	nein	0 °C	100 °C

Gebräuchliche Legierungen

Name	Bestandteile	Verwendung	Name	Bestandteile	Verwendung
Duraluminium	bis 90 % Aluminium, Rest Magnesium und Kupfer	Flugzeug- u. Bootsbau, Gehäuse, Leitern, Haushaltsgegenstände	Messing	63 % – 72 % Kupfer, Rest Zink	Schrauben, Beschläge, Türgriffe, Maschinenteile, Uhrwerke, Armaturen
Hartblei	ca. 90 % Blei, Rest Antimon	Akkuplatten, Kabelmäntel	Konstantan	60 % Kupfer, 40 % Nickel	elektrische Widerstände
Edelstahl	71 % Eisen, 20 % Chrom, Rest Nickel und andere	harter Spezialstahl	Münzmetall	ca. 55 % Kupfer, Rest Zink	Münzen
Weißgold	ca. 70 % Gold, bis 20 % Silber, Rest Nickel	Schmuck, Münzen	Neusilber	73 % – 80 % Kupfer, 15 % – 20 % Nickel, bis 7 % Zink	Bestecke, feinmechanische Geräte
Bronze	86 % – 94 % Kupfer, Rest Zinn	Glocken, Münzen, Maschinenlager	Lötzinn	ca. 60 % Zinn, ca. 37 % Blei, Rest Antimon	Löten

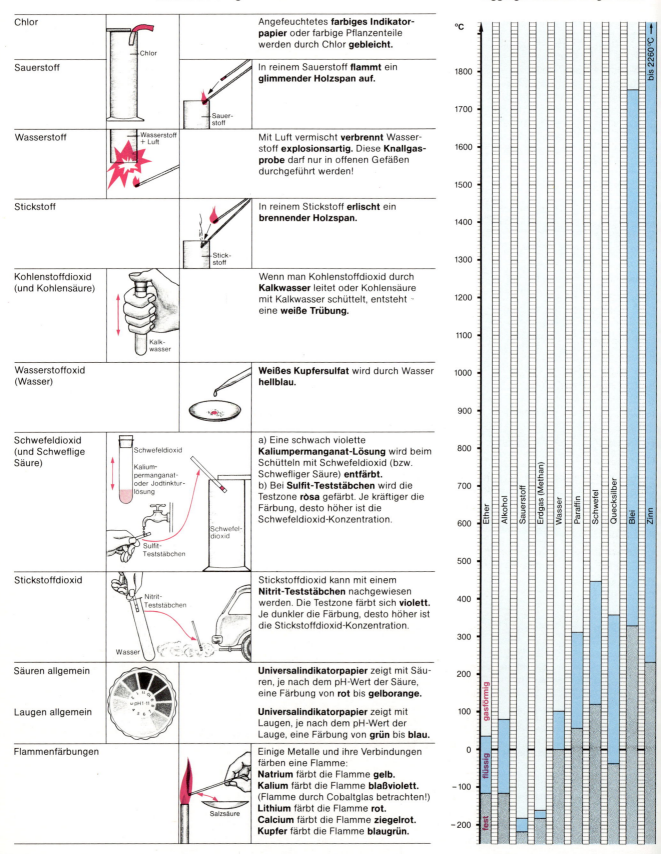

Sach- und Namenverzeichnis

Acetylen 60
Aktivierungsenergie 53, 55
Aktivkohle 32, 37
Alchemist 8
Altglas 42
Aluminium 25
Argon 57
Atemschutzgerät 59
Aufschlämmen 37
Auslesen 37

Berzelius, Jöns Jakob 54
Biokatalysator 53
Blei 24
Bleimennige 78
Blut 65
Böttger, Johann Friedrich 8
Brand, Hennig 29
Brandbekämpfung 69 ff., 73
Brandklassenschema 72
Brenner 82
Brennerflamme 82
Brennschneiden 60, 76
Brennstoff 67
Bronze 23

Celsius, Anders 15
Celsiusskala 15
Chromatogramm 40 f.
Chromatographie 40 f.

Dekantieren 31
Destillation 34 ff.
Destillieren 37
Diamant 26 f.
Dichte 87
Duales System 47
Dünnschicht-Chromatographie 41

Edelgas 57, 63
Edelmetall 79
Eisen 24, 51, 55, 74 ff.
Eisensulfid 51, 55
Eisenoxid 80
Element 87
Energie 53, 55
Entsorgung 86
Entzündungstemperatur 67, 73
Enzym 53
Experimentierregeln 4
Extraktion 38 f.

Fahrenheit, Daniel 15
Fahrenheitskala 15
Feuerlöscher 72
Filtrieren 30 ff., 37
Fixpunkt 15
Flammenzone 82
Fleckentfernung 39

Gasbrenner 82
Gefahrensymbole 4, 85
Gefahrgutschlüssel 71
Gefahrstoffe 84 f.
Geheimtinte 7
Gemisch s. Stoffgemisch
Glas-Recycling 42
Gold 20 f.
Graphit 26
Grundregeln zjm Experimentieren 4 f.

Hammerschlag 76
Hausmüll 44 ff.
Helium 57
Höhenatmer 59
Holzgas 68
Holzkohle 27

Kältemischung 15
Karamelbonbon 49
Kartuschenbrenner 82
Katalysator 53
Kerzenwachs 66, 73
Kiesfilter 87
Kochsalz 30
Kohlenmeiler 27
Kohlenstoff 24, 26
Kohlenstoffdioxid 57, 61, 63 ff., 72
Kohlenstoffdioxidlöscher 72
Kohlenstoffdioxidnachweis 63
Kompostieranlage 45
Kristallbildung 12
Kristallzucht 14
Krypton 57
Kupfer 22, 23, 52, 79
Kupfersulfid 52

Laboratorium 6
Legierung 21
Leichtmetall 12
Linde, Carl von
Linde-Verfahren 60
Löslichkeit 12

Lösung 12
Lösungsmittel 12
Luft 56 ff., 63, 88

Magnesiumfackel 77
Meerwasserentsalzung 34 f.
Meiler 27
Messing 23
Metall 13, 16, 18 ff., 74 ff., 81
Metalloxid 75, 78, 81
Müll 44 ff.
Müllverbrennungsanlage 45
Müllvermeidung 46 f.

Neon 57
Nichtmetall 13, 16, 26

Ölverschmutzung 33
Oxidation 75, 81
–, langsame (stille) 79, 81

Papierchromatographie 40
Phosphor 29
Ptyalin 53
Pulverlöscher 72

Quecksilber 25

Reaktion, chemische 50 ff., 55
Reaktionspfeil 51
Reaktionsschema 51
Recycling 42
Recycling-Auto 43
Redaktionsprodukt 51
Reinstoff 36 f.
Rohdiamant 27
Rohsalz 30
Rost 80
R-Sätze 83
Ruß 26

Salz 30
Sandfilter 87
Sauerstoff 57 ff., 63, 65, 74 ff.
Sauerstoffgerät 59
Sauerstoffherstellung 58, 60
Sauerstoffnachweis 58, 63
Sauerstoffzelt 59
Schaumlöscher 72
Scheele, Carl Wilhelm 56, 62, 64
Schmelztemperatur 12, 87
Schmieden 76

Schwefel 28, 51 f., 55
Schweißen 60
Schwelgas 68
Schwermetall 13, 24
Sedimentieren 31
Selbstentzündung 68
Shredder 43
Sicherheit im Chemieunterricht 82 ff.
Sieben 37
Siedetemperatur 12, 15, 87
Silber 19
Silbersulfid 51
Sortieranlage 45
Sprinkleranlage 70
S-Sätze 83
Stahl 24
Staubexplosion 68
Stickstoff 57, 62 f.
Stoffeigenschaften 10 f., 16 f.
Stofferkennung 10
Stoffgemisch 36 f., 50
Stoffnachweis 88
Stoffuntersuchung 10 ff., 17
Sulfid 55
Symbol, chemisches 54

Teilchen 12, 51
Temperaturskala 15
Thermometerskala 15
Tiefätzen 49
Tinte 49
Titan 14, 16
Trinkwassergewinnung 34 f.

Verbindung 51, 55
Verbrennung 63, 75
Verdunsten 37

Wachsdampf 66, 73
Wasser, destilliertes 34 f.
Wasserdampf 57
Wasserstoff 57, 63
Wiederverwertungsanlage 42
Windsichter 33
Wortgleichung 51
Wunderkerze 77

Xenon 57

Zerteilungsgrad 67
Zink 23
Zinn 23

Bauanleitung: Ein einfacher Sand- und Kiesfilter

Du brauchst dazu:

1 mittelgroßen Blumentopf (oder eine Blechdose, in deren Boden du mit Hammer und Nagel viele kleine Löcher geschlagen hast);

1 flachen Stein (1 Muschel oder Glasscherbe);

sauberen, feinen Sand;

groben Kies (z. B. von einer Baustelle).

Kies Sand

So wird's gemacht:

Du legst den Stein auf das Loch im Boden des Blumentopfes. Dann schüttest du 3 cm hoch Kies in den Topf. Verteile ihn zu einer gleichmäßigen Schicht. Auf den Kies kommt eine Schicht Sand. Sie soll etwa so dick sein wie die Kiesschicht.

Nun füllst du den Blumentopf weiter abwechselnd mit Kies- und Sandschichten – bis etwa 1 cm unter den Rand.

Damit dein Filter auch sauber ist, gießt du so lange Leitungswasser hindurch, bis das Wasser klar abläuft.

Verzeichnis der Bild- und Textquellen

AKG, Berlin: 29.4; Anthony, Starnberg: 27.4; BASF, Ludwigshafen: 9.5; Bavaria, Gauting: 23.7 u. 9, 24.1, 25.7 u. 8, 27.3; Bayer, Leverkusen: 6.3; Beratungsstelle für Stahlverwendung, Düsseldorf: 76.2; Christensen, Celle: 26.2; Desaga, Heidelberg: 41.10–14; Deutsches Kupfer-Institut, Berlin: 22.2 u. 4, 23.5 u. 6, 79.5; Deutsches Museum, München: 6.2; Diamant Informations-Dienst, Frankfurt/M.: 27.5; dpa, Frankfurt/M.: 23.10 u. 11, 42.1, 60.4, 77.6; Dräger, Lübeck: 59.8 u. 10; Ecomed, Landsberg (aus Kühn/Birett, Gefahrgut-Schlüssel, 1987): 71.2; Germanisches Nationalmuseum, Nürnberg: 8.2; Dr. Haupt, Oldenburg: 32.4; Historia-Photo, Hamburg: 6.1; Kettler, Ense-Parsit: 25.9; Koch + Bergfeld, Bremen: 19.4; Linde, Höllriegelskreuth: 62.4; Lindemann, Düsseldorf: 43.4; Margarine-Institut, Hamburg: 39.4; Mauritius, Mittenwald: 24.5, 28.2, 68.1, 69.5 u. 6; Messer Griesheim, Düsseldorf: 62.2 u. 3; Messer Griesheim, Frankfurt/M.: 76.5; Müller, Neulussheim: 19.3, 20.2, 22.1; Niedersächsische Landesfeuerwehrschule, Celle: 69.7; Offermann, Arlesheim (Schweiz): 14.1 u. 2, 24.2, 26.1 u. 2 (eingeklinkt), 28.1; Pelizaeus-Museum, Hildesheim: 7.8; Piag/Krause, Baden-Baden: 77.7; Preussag Bauwesen, Hannover: 70.1; Preußischer Kulturbesitz, Berlin: 23.8; Dr. Reinbacher, Kempten: 65.3; roebild, Frankfurt/M.: 42.2; Rosen, Adenbüttel: 54.1; Siemens, München: 22.3; Süddeutscher Verlag, München: 8.1, 68.4; Ullstein, Berlin: S. 7 (Hintergrund); Wachs, Düsseldorf: 21.7; Walther, Köln: 70.2–6; WMF, Geislingen: 24.3; Zarges, Weilheim: 25.10; ZEFA, Düsseldorf: 33.8 u. 9, 34.1, 59.9, 71.7.

Alle anderen Fotos: Cornelsen Verlag (Budde, Fotostudio Mahler und Atelier Schneider), Berlin.

Für hilfreiche Unterstützung danken wir außerdem:

Der Firma Cornelsen Experimenta, Berlin (Versuchsgeräte); der Georg-von Giesche-Realschule mit Frau Ihns sowie dem Humboldt-Gymnasium mit Herrn Dr. Kuballa, Berlin (verschiedene Versuchsaufbauten); dem Studio tolon, Fürth (Bearbeitung einiger historischer Abbildungen) und dem Verband der chemischen Industrie, Frankfurt/M. (Informationsmaterial).

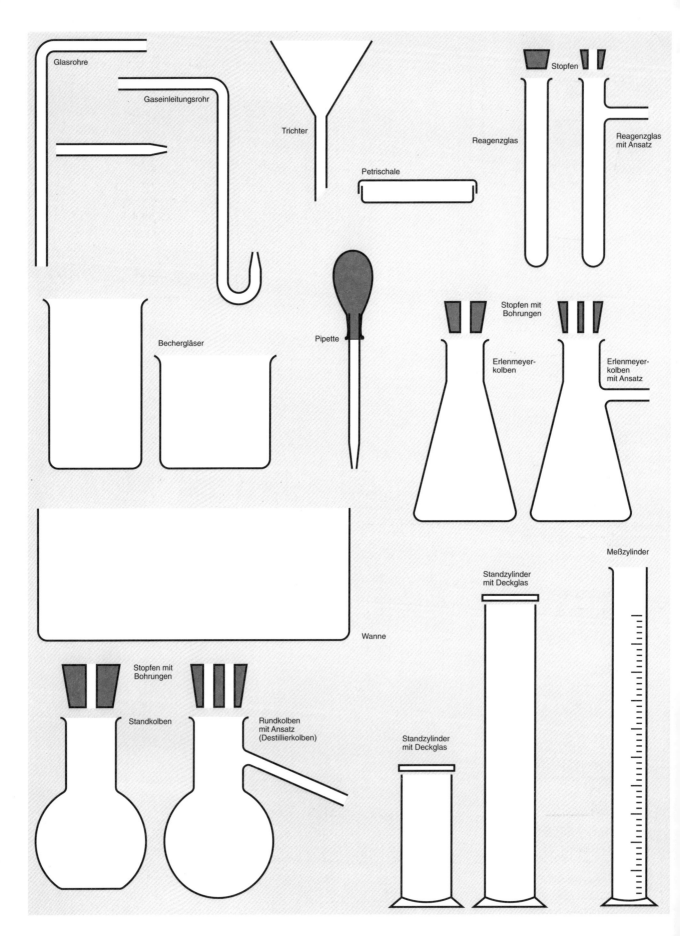